건강한 교회가
부흥한다

박동명 지음

건강한 교회가
부흥한다

박동명 지음

![KSI] 한국학술정보(주)

머리말

    화려하고 웅장한 교회들이 아름다운 자태를 드러내 보이며 높은 십자가가 하늘을 향해 치솟고 있다. 교회가 늘어나고 있는 만큼 성도 역시 양적인 증가를 보이며, 우리 사회 곳곳에서 다양한 사업을 펼치고 있다. 이렇게 교회가 드러나지 않게 펼치는 사업은 의료, 선교, 복지 등의 영역 등 매우 많다.

    그렇지만 교회 인적구조나 물적 토대를 자세히 살펴보면 좀더 개선해야 할 측면도 없지 않다. 언제부턴가 황금만능주의와 권위주의가 뿌리 내려 있고, 예산의 집행이나 의사결정 과정이 왜곡되어 있으며, 선교, 구제, 봉사, 교육, 예배 등 각 영역에서 균형 잡힌 예산이라고는 볼 수 없는 형국이다.

    또한 교회 담장이 높아만 가고 있어 세상 사람들이 접근하기에는 너무 어려운 실정이다. 이제 가족, 이웃과 교회 간에 불신의 벽을 허물어 나가야 할 것이다. 꽃과 나무를 심어 허물어진 담장에 채워야 하고, 사랑과 봉사로써 이웃에게 웃음을 나눠 주어야 하지 않을까.

    교회가 건강하게 성장하고, 예수를 구주로 영접한 사람들이 점점 증가해 나가길 희망한다. 그리고 이웃과의 '나눔', '사랑', '희생', '봉사' 등으로 사회를 변화시키고, 민족과 세계를 향해 복음화의 열정이 식지 않도록 해야 할 것이다.

교회가 지역사회에서 영향력을 발휘하며, 가는 곳마다 예수의 사랑을 전하고, 예수의 빛과 소금으로서의 역할을 충실히 감당해야 한다고 생각한다. 이런 측면에서 저자는 지난 5년간 기독교신문에 연재한 칼럼을 모아 교회의 건강성을 회복할 수 있는 계기가 될 수 있게 본서를 출간하기에 이르렀다.

본서를 출간하면서 늘 기도해주시고 저자의 신앙을 지도해주신 나정대 목사님(신창교회), 기독교호남신문 장성길 목사님, 그리고 출판을 허락해 주신 한국학술정보(주) 채종준 사장님과 관계자 여러분께 머리 숙여 감사드린다. 또한 원고 교정에 참여한 숙명여자대학교 국문학과 정다영 양에게도 고마움을 전한다.

독자들의 신앙생활에 기쁨이 넘치며, 가정과 교회에 하나님의 사랑과 평안이 함께 하길 바란다.

2007. 4.

저자 박 동 명

목 차

제1장 건강한 교회가 부흥한다

1. 교회도 웰빙시대

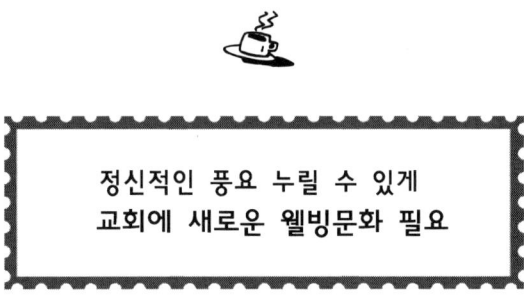

정신적인 풍요 누릴 수 있게
교회에 새로운 웰빙문화 필요

우리 사회에서 건강에 대한 관심이 높아지고 있다. 현재 유행하고 있는 용어 중에 웰빙(Well-being)이라는 단어가 등장하는 것을 보면 얼마나 현대인들이 건강에 대한 관심이 많은 지를 금방 알 수 있다. 웰빙이라는 이유로 의류, 음식물, 주택 등 의식주의 생활패턴이 바뀌고, 수면, 문학, 여가, 음악, 스포츠 등 여러 영역에서 웰빙의 영향이 나타나고 있다.

이런 건강에 대한 관심은 우리 주변의 조직과 문화에도 파급되어 이제는 우리가 속한 교회도 웰빙의 영향을 받지 않을 수 없게 되었다. 그래서 '웰빙문화'를 좀더 우리 교회에 맞는 스타일로 변화시키고 적용함으로써 우리의 '삶의 질'을 높이기 위한 것으로 자연스럽게 받아들이고 있다.

웰빙과 관련하여 우리의 가치와 사고를 전환할 필요가 있다. 우선 교회의 성장 전략도 마찬가지다. 빠른 시간 내에 많은 성도들을 모으는 '초고속 성장'에 매달리다 보면, 건강한 교회를 갖추는 데 여러 가지 요소가 불완전해질 우려가 있다.

충분한 기도와 말씀, 성도 간의 교제, 투명한 교회 재정 집행 등을 바탕으로 교회가 성장해야 하는데, 그렇지 못하고 소위 '초고속 증후군'에 빠져서 호된 중병을 앓을 수 있다. 한국교회가 한국사회의 유행과 발전 속도를 따라잡기 위해 계속 매달려서는 안 될 것이다.

교회의 '급성장'보다는 예수의 제자로서의 삶을 충실히 강조하는 교회의 '건강성'에 좀더 많은 가치를 부여했으면 한다. 삶을 진지하게 음미하며 여유를 찾는 지혜를 교회에서 제시해야 한다.

초현대식 교회건물보다는 오래된 교회건물에서 멋과 편리함을 느끼고, 조기학습의 열풍을 뛰어넘어 평생을 두고 학습하려는 느긋한 자세도 필요하다. 우리의 신앙도 마찬가지다. 기도 역시 '빨리빨리' 이루어지기를 원하는 것도 좋지만, '하나님의 선하신 계획'에 따라 차분하게 기다리는 자세도 중요하다.

웰빙을 강조하는 시대에 교회가 할 일은 현대인들의 의식

을 개선하는 일이다. 물질적인 가치와 풍요 그리고 자기 자
신의 명예만을 행복의 척도로 여기는 사람들을 변화시켜야
한다. 정신적인 풍요로움을 통해서 현대인의 삶을 건강하게
회복해야 하며, 영혼구원에 대한 관심을 집중시켜야 한다.

이제 교회가 우리 사회의 웰빙문화를 재조명해야 한다고
본다. 교회 안에서 웰빙을 승화시켜 나가야 한다. 찜질방이나
반신욕 등을 통한 육체적인 건강 못지않게 정신적인 건강을
추구하는 것이 중요하다. 현대인의 정신적인 스트레스, 고독,
갈등 문제를 해소시켜주며 마음의 상처를 치유해 주는 교회
의 역할이 필요하다.

2. 예수마을 만들기

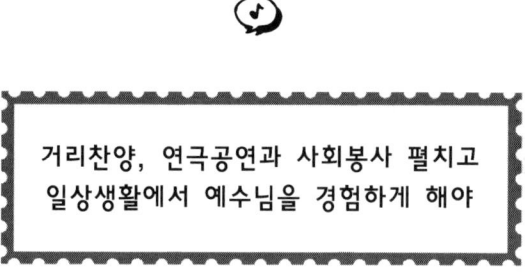

거리찬양, 연극공연과 사회봉사 펼치고
일상생활에서 예수님을 경험하게 해야

　지역에 교회가 늘어나고 있다. 도심에 새로운 주택단지가 조성될 때마다 밤거리에 교회의 빨간색 네온사인 십자가가 빛을 내고 있다. 그런데 이런 많은 십자가와는 달리 기독교인들이 얼마나 빛을 발하고 있는지는 의문이다.

　그저 주일이면 교회에 와서 예배만 보고 돌아가는 것이 전형적인 기독교인들의 생활은 아닌 지 되돌아볼 일이다. 지역사회에서 일부 교회는 영향력을 미치지 못하고 있고, 교회가 지역사회의 변화를 따라잡지 못하고 있는 것 같다.

　나는 교회가 지역사회에 적극적인 영향력을 발휘하며, 가는 곳마다 예수의 사랑을 전하고, 예수의 빛과 소금으로서의 역할을 충실히 감당하길 소망한다.

　지역사회에 '예수마을'을 만들어 거리를 오고 가는 사람들이 예수의 사랑으로 인사하며, 예수의 꿈을 꾸고, 예수의 정신이 마을 곳곳에 살아 숨쉬게 했으면 좋겠다. 마을 주민들의 대부분이 예수를 알고 예수를 구주로 영접하는 마을, 도시와 농촌의 구별이 없이 예수 안에서 마음이 하나가 되는 마을이 되었으면 한다.

　나는 예수의 정신이 깃들어 있고 예수의 사랑으로 사회복지 서비스가 실천되는 마을이 건설되길 기대한다. 돈을 투자하여 인위적으로 마을을 형성하기보다는 일상생활 속에서 자연스럽게 예수의 정신을 배우고 실천하는 그런 마을이 되어야 한다.

　예를 들면, 교회가 중심이 되어 거리를 청소하고, 쓰레기를 줍는 데 교인들이 앞장서는 마을이다. 장애인, 노인, 기초생활수급자, 소년소녀가장, 차상위 계층 등 경제적으로 어렵고 힘든 사람들과 이혼여성, 편부모가정, 가정폭력 등 정신적으로 어려움에 처한 사람들을 찾아가서 위로하고 격려하는 물결이 넘치는 마을이다.

　골목마다 교회가 들어서 있는 도시의 거리에는 정기적으로 이벤트를 만들어 예수의 마음을 전할 기회를 확대시켜 나가야 한다.

　아픔을 당하는 이들을 조용히 찾아가서 위로하는 행사를

만들고, 주중에 하루를 정해 무료로 전통차를 대접하거나 예수를 소개하는 부스도 설치하면 좋겠다. 또 예수에 대한 연극이나 영화를 상영하고 점심시간을 이용해 거리에서 찬양공연을 가지는 것도 특색이 있을 것이다. 여러 교회가 연합하여 이런 행사를 주도하고, 이곳을 찾아오는 사람들에게 예수를 만나게 한다면 교회가 지역사회의 변화를 주도할 수 있을 것이다.

한편 기독교계는 이런 예수의 정신이 마을에 넘쳐흐르도록 자원봉사조직을 활성화하도록 해야 한다. 또 지역사회에 요청되는 복지수요에 적절하게 대처하고 여러 교회가 조직적으로 사회문제를 해결할 수 있는 체계를 만들어야 할 것이다.

3. 사회봉사 기능을 강화하라

> 교계 차원의 재난 극복 시스템을 구축하고
> 신학대학에 사회봉사활동 필수교과 바람직

최근 태풍 '매미'로 인한 인적·물적인 피해가 엄청나게 발생했다. 사회의 어려움이 가중될 때마다 세상에서 교회를 바라보는 눈길은 더욱 매몰차다. 교회가 태풍 피해주민을 어떻게 얼마만큼 돕고 있는가에 대해 세상의 관심이 고조된다는 얘기다.

나는 여기에서 자연재해가 발생할 때, 교회가 서로 연대하여 재난을 체계적으로 극복하고 피해 주민들에게 봉사하는 역할을 강화해야 한다고 주장하고 싶다.

물론 교회는 나름대로 오른손이 하는 것을 왼손이 모르게 열심히 봉사하고 있는 것이 사실이다. 그렇지만 현대사회는 피해극복을 그저 남모르게 하는 것보다는 각종 자원봉사를 서로 연계하고 체계화하여 이런 효과를 극대화하도록 요구하고 있다. 이런 점에서 교회가 피해지역에 대해 자원봉사를 일정부분 주도하고 체계적으로 관리를 해야 할 것으로 보는데 이런 일을 하기 위해서 교회가 해야 할 역할을 생각해 보기로 한다.

첫째, 교계 차원 또는 교회가 서로 연합하여 재난을 극복할 수 있는 시스템을 구축해야 한다. 그리고 매년 반복되는 자연재난에 대하여 교회는 목소리를 높여야 한다. 정부의 안전 불감증을 한목소리로 부르짖고 잘못된 정부정책에 대해서는 기독교계의 의견이 반영되도록 해야 한다.

또 교계 차원에서도 재난이 발생했을 때 체계적으로 재난을 방지할 수 있는 시스템을 마련해야 한다고 본다. 태풍 피해 복구에 참여하고 싶은 자원봉사자들과 피해 주민들을 효율적으로 연결시켜 주기 위한 교계 차원의 연계 시스템을 구축해야 한다는 것이다. 사회의 재난이 점점 다양화되고 구체화되고 있으므로 교회도 당연히 이런 추세에 따라 성도들을 교육하고 하나님께 간구해야 할 기도제목도 개발해 주어야 한다.

둘째, 교회가 물질적인 후원뿐만 아니라 실제적인 봉사활동을 해야 한다. 매년 교회에서 자체적으로 모금한 성금을 언론에 기탁하는 것을 보는데 이런 물질적인 후원으로 성도들이 해야 할 일을 모두 끝낸 것인 양 생각하는 사람들도 있다.

그런데 이런 태도는 바람직하지 못하고 피해 지역에 대해서 끝없는 관심을 가져야 한다. 특히 사회적인 약자 계층인 노인 및 장애인, 실직자, 가난한 자들에 대해 관심을 갖고 무료급식, 도시락배달, 목욕봉사 등 몸으로 체험하는 실질적 봉사활동이 있어야 한다.

셋째, 교회의 봉사기능을 강화하기 위해서 신학대학의 교과과정에 봉사활동을 필수과목으로 신설하고 목회자가 되는 과정에도 사회봉사활동 경력을 심사해야 한다고 본다.

그리고 더 나아가 교회가 장로와 권사, 안수집사 등 교회의 주요 직분을 맡길 때에도 봉사활동을 의무화하는 교계 규정을 마련하는 것이 어떨까. 이렇게 된다면 교회의 사회봉사 기능이 대폭적으로 강화될 것이다.

4. 교회의 우선순위

> 예배와 찬양, 전도 그리고 사랑의 실천 등
> 교회 교육에 절망퇴치 프로그램을 적용하자

우리 사회의 많은 서민들이 계속된 경제난으로 어려운 생활을 하고 있으며, 성도들의 어렵고 힘든 상황은 교회의 재정과 성도들의 정서에도 영향을 끼치고 있는 것 같다.

얼마 전, 네 살짜리 장애아가 장롱 속에서 굶어 죽었던 일이 있었다. 아이의 엄마는 정신지체 장애인이었고, 부모는 직업을 구하기 위해 늘 집을 비우고 있었다는 것이다. 그래서 일곱 살 된 큰 딸아이가 네 살과 두 살짜리 동생을 돌봐왔다고 한다.

우리 사회의 한쪽에서는 이렇게 굶주림에 허덕이는 사람들이 늘고 있고 고달프고 쪼들린 생활로 한숨만 늘어가고 있는 형편이다.

이에 하나님의 몸인 교회는 선교, 봉사, 구제, 예배 등에 있어 균형 있는 시간과 재정, 조직을 배분하여 하나님의 일에 힘써야 할 것이며, 특히 교회가 역사적인 시각에서 시급하게 해결해야 할 일이 무엇인지를 생각해 보아야 한다.

나라가 힘들고 어려운 환경에 처해 있을 때마다 교회가 나서서 기도하고 문제의 해결에 직접적으로 관여해 왔던 사실을 기억해 본다. 교회가 우리 사회와 아픔을 함께하며 울고 웃었던 것이다.

"우는 자와 함께 울라."는 성경말씀을 구태여 밝히지 않더라도 오늘날 우리 교회가 시대적인 상황에서 해결해야 할 문제는 사랑의 실천과 봉사활동이라고 할 수 있다. 또 절망 가운데 서 있는 사람들에게 희망을 던져주고 구원의 메시지를 전파해야 하는 것이 시급하다.

교회가 합심하여 '특별기도회'를 갖고, 절망에 처한 사람들을 건져내는 '절망퇴치프로그램'을 마련하는 것이 절실하다.

사회복지의 일차적인 주체는 국가와 지방자치단체라고 할 수 있다. 극빈자 구호업무를 맡은 복지담당공무원이 일선 읍면동 사무소에 배치되어 열심히 일하고 있기도 하다.

어떤 지방자치단체(경남)에서 빈곤아동의 가난 대물림을 차단하기 위한 방법을 마련하고 있는데, 이것이 특별히 주목받고 있다. 즉, 일반 아동과 비슷하게 기본생활을 보장하기 위해 소위 '빈곤아동 퇴치 특별대책'을 마련하고 있다고 한다. 이것은 국민기초생활보장수급자 아동에게 지원되는 국가예산이나 후원금 등과는 별도로 이들이 생활할 수 있게 해주는 지원책이다. 이런 대책이 다른 지방자치단체에도 널리 퍼지길 기대한다.

한편 교회를 비롯한 종교단체는 빈곤퇴치와 절망퇴치에 적극적으로 나서야 하며, 교회가 갖고 있는 인력과 재정을 총동원해서 어려움에 처한 사람들을 돕는 구제활동을 펼쳐야 할 것이다.

5. 교회가 비전을 제시하라

> 절망의 끝에 있는 사람에게 기회와 도움을
> 주고 새로운 희망과 비전을 갖게 해야 한다

희망이 없다고들 한다. 정치판은 싸움만 하고 있으며 경기는 바닥을 헤매고 있는데다가 사회 곳곳은 부정과 비리로 얼룩져 있다. 계층과 집단 세대 간 갈등은 해결될 기미가 안 보이고 뉴스를 보면 짜증과 분통과 혐오감만 더 생겨난다.

그래서 차라리 우리나라를 떠나고 싶다며 이민을 준비하는 사람들이 증가하고 있으며, 벌써 이민을 떠난 사람들도 내 주위에는 상당히 많이 있다. 이런 상황에서 교회는 어떤 비전을 제시해야 하는지 생각해 보기로 한다.

첫째, 교회는 부자들과 가난한 사람들을 향한 메시지를 구

체화시켜야 한다. 부자들에게는 축적된 부(富)에 대해서 사회
적 환원을 유도하고 또 부를 가치 있게 사용할 수 있는 방
법을 제시해주어야 한다. 가진 자들이 갖추어야 하는 도덕성
을 일깨워주는 것이 시급하다.

한편 삶에 지치고 빚에 시달리는 사람들에게는 용기를 불
어넣어 주고 새로운 희망과 비전을 갖게 해야 한다. 사실 우
리 사회는 부모가 가난하면 자식들이 대를 이어 가난해질 개
연성이 높아 가난이 세습되는 구조를 띠고 있다. 빈익빈 부
익부(貧益貧 富益富) 현상이 계속 심화되어 있는 상태에서
교회는 이런 사회 구조적인 모순에 대해서도 정확한 진단을
내려야 한다.

둘째, 교회는 절망의 끝에서 헤매는 실업자와 극빈자들에
게 희망의 기회를 제공해야 한다. 교회가 가진 인적 자원과
물적 자원으로 절망의 끝에 있는 사람들에게 '반전(反轉)의
기회'를 제공해야 한다.

반전의 기회에 대한 구체적인 프로그램은 교회가 처한 지
역사회에서 그 지역에 적합한 모형이 제시되어야 할 것이다.
예를 들면 도시교회는 빈곤의 늪에서 나오지 못한 사람들을
발굴하여 그들에게 최소한의 종자돈을 대부하는 방식을 통해
서 고통에서 벗어날 수 있게 할 수 있다.

사실 국가와 지방자치단체에서도 빈곤층에 대한 대책을 실
시하고 있지만 이런 대책에 구멍이 뚫려 있는 모습을 보게

되는데, 바로 이 구멍이 교회가 담당해야 하는 영역이다.

그래서 아픔을 겪고 있는 이웃들에게 땀과 눈물을 바치는 그리스도의 사랑을 실천해야 한다.

셋째, 교회는 청년들에게 관심을 기울여야 한다. 구직자 10명 중 3명은 취업을 포기한 상태라는 통계가 있듯이 청년들이 꿈과 희망을 잃어가고 있다.

이런 '자발적 취업 포기자'들이 증가하고 있는 현상에 대해 교회는 관심을 갖고 희망과 비전을 제시해야 한다. 이들에게 희망이 사라진다면 교회나 국가도 잠재적인 성장력을 잃게 될 수 있기 때문이다. 그들이 흘리는 눈물과 쓰라린 고통에 함께 동참하고 이런 시대적 상황에 대해 함께 기도하도록 하자.

6. 교회의 목소리

!

사회 지도자들에게 참된 진리의 길을 제시하라
주요 정책에 기독교계는 합당한 목소리를 내야

행복이 보이지 않는 사회라고 한다. 노사갈등, 높은 실업률, 경기침체, 환율불안, 부동산 거품 등 정말 우리 사회의 어려움이 실감난다. 그런데 사회지도층이나 정치가는 희망과 꿈을 제시하지 못하고 있다.

그 때문인지 일부 사람들은 일탈(逸脫)을 통해서 자신의 도피처를 찾고 있는 듯하다. 자살이 유행처럼 번지더니 요즘 '스와핑(swapping)'이라는 부부 교환 섹스가 우리 사회에 번져가고 있단다.

좌절과 실망과 파괴의 연속 상에 놓인 이 시대에 기독교가 해야 할 일들이 많음을 알 수 있는 부분이다.

기독교계는 이 시대에 아젠다(agenda)를 설정하고 선도해 나가야 한다. 경제성장과 부의 적절한 분배는 물론 민주사회의 건설과 사회통합을 이루기 위한 리더십 배양, 지방 균형 발전에 대한 관심 등 교회가 우리 사회에서 지향해야 할 의제들은 많다.

그런데 기독교계는 이런 아젠다에는 관심조차 없는 것 같다. 국민들은 정치판을 혐오스럽고 더러워서 쳐다보지도 않으려는 자세를 지니고 있다. 기독교계가 좀더 적극적인 자세를 갖고 정쟁을 일삼는 정치권을 향해 목소리를 내야 할 때이다.

그리고 우리의 기도의 지경을 넓히고 나라와 민족을 품에 안는 기도가 필요하다. 물론 정치, 경제, 사회, 문화 어디를 둘러봐도 꿈을 실현할 수 있는 요소가 드물다. 하지만 어려운 경제사정으로 인한 실직과 적은 급여 그리고 고달픈 생활조건들을 국가의 탓으로만 돌리려는 자세는 바람직하지 못하다. 자신의 게으름, 무능력과 미래에 대한 계획이 부족함을 반성해야 하고 자신을 성찰하는 시간이 있어야 한다. 그리고 대대적으로 국가와 민족을 향한 기도가 모아져야 한다.

한편 국가의 주요 정책에 대해서 기독교계가 당당한 목소리를 내야 한다. 정치에 대해 무관심으로 일관하는 것보다는 가난하고 소외 받는 이웃이 꿈을 갖도록 정부에 일정한 정책을 촉구해야 한다.

종교 지도자들이 정치권 등을 향해서 참된 진리의 길을 제시해 주어야 하고, 경제의 불확실성을 줄이도록 촉구해야 한다. 그런 의미에서 기독교 일각에서 논의되고 있는 기독교 정당에 대해서도 관심을 가져볼 만하다.

기독교인들이 무릎으로 기도해야 한다. 또 국가의 특정 정책에 대해서는 '하나님의 법'에 비추어 어긋나지 않도록 한 목소리를 내는 시스템을 갖춰야 한다. 그래서 미래에 대한 소망을 간직하며 자신감을 회복하도록 하자.

7. 교회의 급식 문제

교회급식에 철저한 위생관념이 필요하다
교회가 연합하여 급식관련제도 만들어야

도시의 대형교회를 중심으로 주일이면 어김없이 교회급식(敎會給食)이 실시되고 있다. 교회 구역별로 순번을 정하거나 특정그룹들이 교회 성도들에게 주일 점심을 대접하는데, 교회마다 긍정적인 호응을 얻고 있다. 초대교회처럼 "서로 교제하며 떡을 떼는(행 2:42)" 성도들의 모습이 정말 아름답기 그지없다.

교회에서 자율적으로 위생관리를 하며 예수의 마음으로 성도들에게 기쁘게 대접하는 음식에 특별한 하자는 없을 것이다. 그렇지만 교회에서 대접하는 교회급식이 많은 사람들에게 일시적으로 공급되고 특별히 위생 점검을 받는 일이 없다는 점에서는 냉철한 주의가 요망된다.

특히 여름철에는 호텔, 음식점, 학교 급식시설 등 급식이 실시되는 곳마다 집단 식중독과 장염 발생은 물론 각종 전염병 발병이 문제가 되기도 한다.

우리나라는 콜레라, 세균성이질, 장티푸스, 파라티푸스, 장출혈성대장균 감염증을 제1군 전염병으로 정하여 관리하고 있는 상황이다. 특히 급식에 따른 전염병 발병은 모두가 경계해야 할 일인데, 과거 모 초등학교에서 학생들이 장출혈성대장균에 집단적으로 감염되는 사태가 발생하기도 하였다. 2003년에는 수도권 지역에서 이 질병이 집단적으로 발병한 적이 있었고, 이 중에서 2명이 사망하기도 하였다.

이런 장출혈성대장균은 우리나라뿐만 아니라, 미국과 일본의 경우도 매년 수천 명의 환자가 발생하고 있는 여름철 질병인 것이다.

이렇게 집단급식을 하는 곳이면 전염병 발병 가능성은 어느 곳에나 상존해 있어 위생문제는 아무리 강조해도 지나치지 않다. 물론 교회도 예외는 아니어서 만일 교회에서 이런 전염병이 발생하게 된다면 하나님의 영광을 가리는 것은 물론, 지역사회에서 교회의 이미지에도 커다란 타격을 입게 될 것은 뻔한 일이다.

따라서 교회의 성도들 간에 위생관념이 필요하다.

조리 기구는 깨끗하게 사용하고 도마나 칼은 식품별로 따

로 구분하여 조리 기구를 통해 오염되는 일이 없도록 해야
할 것이다. 또 물은 반드시 끓여 먹고 날 음식은 가급적 삼
가야 하는 등 비교적 간단한 습관을 생활화하는 것이 중요하
다고 본다.

그리고 무엇보다도 교계 차원에서 일정한 점검과 대비가
있어야 한다. 교회 내에 영양사 자격을 갖춘 사람이 있다면
이를 활용하고 그렇지 않은 경우에는 일정한 예산을 들여 영
양사를 배치하는 것도 하나의 해결책이 될 것이다.

또 교회가 연합하여 교회의 급식소에 일제히 방역 소독을
하거나 교계 차원의 급식관련제도를 만들어 성도들의 건강문
제에 대한 관심을 기울여 나가야 할 것이다.

8. 항존직의 임기

미국 장로교회, 장로와 집사들 임기제 채택
선거에 일정한 검증절차와 임기가 필요하다

며칠 전 나는 노회에서 주최하는 항존직 교육에 참여했는데 매우 커다란 의미가 있었다.

장로, 권사, 안수집사 등 교회의 항존직은 철저하게 하나님을 섬기고 교회의 여러 가지 일을 맡아 서비스하는 자리인데 내가 항존직을 맡는 기회를 얻게 되어 기쁨을 감출 수 없었다.

나는 항존직에 대한 노회 차원의 교육이 더욱 확대·강화되어야 한다고 생각하며 교회 항존직에 대한 임기제 도입 등 그 역할과 사명에 대한 생각을 피력하기로 한다.

우선 항존직으로 피택 되기까지 여러 선거절차를 거치지만 항존직을 맡을 성도들을 선출하기 전에 교회학교와 성가대,

각종 자치회에서 활발하게 봉사활동을 하고 있는 성도들을 적극적으로 발굴하는 작업이 선행되어야 한다고 본다. 그리스도 안에서 인품을 갖추고 최소한의 도덕성을 겸비한 사람이 항존직에 선출되도록 하는 일종의 검증절차가 도입되어야 한다는 것이다.

그리고 항존직에 선출되면 교회 내에 존재하는 불합리한 관행과 악습을 철폐하도록 노력해야 한다.

예를 들면 교회 내 은연중에 자리 잡고 있는 남녀 차별이나 황금만능주의적인 생각들을 버리도록 해야 한다. 또 교회 성도들을 우월한 입장에서 지배하거나 통제하려는 생각도 버려야 하며 장로나 권사를 마치 계급처럼 생각하는 태도 역시 버려야 한다. 교회에서 여러 가지 일들을 할 때, 하나님께서 선택하신 '청지기'라는 사명을 항상 염두에 두어야 할 것이다.

항존직은 '하나님 나라'를 확장해 나가는 일에 앞장서야 한다고 본다. 즉, 예수의 증인으로서 살아가는 '선교 마인드'를 지니고 있어야 한다. 예수를 모르는 사람들에게 예수 그리스도의 복음을 전해 새 생명을 얻도록 하는 데 항상 관심을 쏟아야 한다.

항존직은 세계를 향한 선교전략을 가지고 있어야 하며 지역사회에 봉사하고 전도할 수 있는 기틀을 마련할 수 있도록 해야 한다. 그래서 항존직을 임명할 때 일정한 기간 동안 다양한 형태의 봉사활동을 하도록 하는 것도 검토해 볼 만하다.

교회의 장로, 집사, 권사 등 여러 직분에 대해, 일정 기간 동안 봉사하고 봉사하는 기간 동안 성도들에게 재신임 여부를 묻는 절차를 도입하거나 임기를 정해야 한다고 본다.

왜냐하면 하나님께서 주신 은사로 맡은 직분이기 때문에 교회에 협력하고 봉사하는 자세가 평생토록 유지되어야 하기 때문이다.

또 장로와 목사 등 소수 사람들이 교회 내의 권위를 독점할 것을 미연에 방지하고 또 다른 성도가 교회행정에 참여할 수 있는 기회를 주도록 하는 것도 커다란 의미가 있다.

따라서 현재 일부 한국교회가 도입해 시행 중인 항존직에 대한 임기제는 신선한 충격으로 우리에게 다가오고 있다. 한편 영국 개혁교회와 미국 장로교회 역시 장로-집사의 임기를 정하고 있어 우리에게 시사해 주는 바가 참으로 크다고 할 것이다.

제2장 교회는 지역발전의 중심축이다

1. 교회는 지역발전의 중심축이다

> 교회는 지방자치단체와의 협력과 견제관계
> 풀뿌리 지방자치 실천하는 중심축이 되자

　지역발전을 위해 교회들이 나서고 있다. 최근 목회자들과 지방자치단체장들이 참여하는 한마음기도회, 조찬기도회 등 각종 행사를 개최하기도 하고 지역선교를 위한 각종 모임에 도지사, 시장, 군수, 구청장 등 자치단체장들을 초대하기도 한다. 그래서 지방자치단체장들과 지역교회 지도자가 서로 협력하여 지역의 정체성 회복에 협력하고 있다.

　이것은 교회가 사회를 선도하며, 각종 구제사업이나 사회사업에 효율성을 기할 수 있다는 점에서 의미를 가지며 하나님 나라를 건설하는 여러 가지 일들 중에 하나가 될 수 있을 것이다.

목회자들이 자치단체장과 협력하여 사회정의를 실현하기 위해 노력하는 것이나 우리 사회의 부정부패나 악습을 제거하기 위해 노력하는 것은 하나님의 부름을 받은 청지기로서 중요한 사역이 될 것이다. 이와 더불어 교회지도자는 우리 사회에 만연되어 있는 배금주의와 지나친 권위주의, 비윤리적인 행태들에 대해 목소리를 내야 한다.

한편 기도회에 참여하는 목회자들은 가난하고 억울한 자들의 목소리를 대변해야 한다. 권력자들의 주변에서 서성이는 모습보다 지역발전을 위해 고민하고 개선해야 할 문제점들을 과감하게 지적하는 선지자적인 역할이 필요한 것이다.

지방자치단체에 새로운 바람이 불고 있다. 민주주의의 풀뿌리라고 할 수 있는 지방자치제도가 정착됨에 따라 중앙정부에 의한 수직적 통제나 조정보다 지역특성을 고려한 협의와 자치단체 간의 상호 협력이 강화되고 있다. 또한 지역 내 여러 이해단체들도 지역의 발전에 관심을 갖고 움직이고 있다. 앞으로 지방자치단체 간의 상호 경쟁이 계속될 것이며 교회를 비롯한 각종 단체들도 협력 체제구축을 위해 노력할 것이다.

이제 교회도 유권자를 가진 단체로서 지역사회 발전의 한 축으로 등장하고 있다. 지역교회의 협력 없이는 지역발전이나 사회변화를 기대할 수 없게 되었다. 지방자치단체 역시 교회를 지역발전의 귀중한 축으로 인식하게 되었고 한편으로 유권자 단체로써 교회를 바라보게 되었다.

교회는 사회를 변화시키기 위한 목소리를 내야 한다.

하나님의 나라가 이 땅에 실현되도록 주택, 소방, 도시계획, 도시교통, 문화체육, 교육시설, 환경보호, 지역정비 등에 교계의 목소리를 담을 필요가 있는 것이다.

교회는 지방자치단체와의 실질적인 협력을 위해 분권화시대에 맞는 역할을 정립해야 한다. 또한 교회는 어디까지나 영혼 구원과 예배활동에 게으르지 않아야 한다. 교회가 예수 그리스도의 몸으로서 본분을 잃지 않는 범위 내에서 지방자치단체와 긴밀하게 협력하고 동시에 일정한 견제 역할도 유지되어야 한다고 본다.

2. 분권과 자율을 가르치라

> 교회는 '공동의회'가 실질적 권한 가져야
> 다수의견 집약할 수 있는 시스템을 정비하라

우리 사회의 커다란 화두는 분권과 자율, 균형이라는 단어들이다. 특히 분권은 정치뿐만 아니라 경제·문화 등 각 영역에서 적용되고 있으며 이것은 교계와 교회에서도 적용되어야 한다고 본다. 더구나 교회세습에 대한 논란이나 교회재정의 투명성 확보 등에 대한 문제가 제기되는 것을 보면 교회의 의사 결정 구조가 심각하게 왜곡되어 있음을 알 수 있다.

일부 교회에서 담임목사의 지위를 아버지가 아들에게 물려주고 스승이 제자에게 물려주는 현상을 보면 대형 도시교회의 모습이 매우 권력화되어 있고 한사람에게 막강한 권한이 집중되어 있음을 단적으로 알 수 있다.

이런 현상이 일어나는 이유는 교회 내에 각종 조직과 민주적인 절차가 마련되어 있음에도 불구하고 그 절차가 매우 형식화되어 있기 때문이다. 또한 일부교회에서는 몇몇 사람들에게 의사 결정 권한이 집중되어 있으며, 이런 집중된 권한을 통제하는 기능이 상실되고 있다. 이런 문제의 해결을 위해서 교회의 분권과 자율이 강조되어야 한다고 본다.

교회의 분권화를 위해서는 재정의 운영이 건전하고 투명하게 운영되도록 하는 시스템이 활성화되어야 한다. 돈이 모이는 곳에 사람의 마음이 있게 되는 것은 당연한 이치이고 어느 곳이든 돈을 둘러싸고 권력 투쟁이 전개되기 마련이다. 특히 교회의 지도자들이 재물에 관심을 갖고 모든 의사결정을 독식하게 된다면 다수의 교인들의 의사와는 점점 거리가 멀어지게 된다.

따라서 교회 내의 다수의 의견을 집약할 수 있는 시스템이 활성화되어야 한다. 예를 들면 '공동의회'의 역할과 기능이 강화되어야 한다고 본다. 왜냐하면 교회의 세례교인들로 구성되는 이러한 최고의 의사결정기구가 형식화된다면 재정의 공정한 분배와 사용에 심각한 왜곡현상을 가져올 수 있기 때문이다.

교회의 분권은 교회 내에서 성도들의 '삶의 질(質)'을 향상시키는 방향으로 이루어져야 한다. 교회 성도들이 각종 채무에 쪼들리고 가정경제의 어려움에 시달리고 있을 때 교회

는 위로하는 역할을 해야 하고 정신적으로 고통을 당하며 상
처받은 사람들에게는 치유할 수 있는 장치를 마련해 주어야
한다.

이런 치유와 구제사업은 몇몇 특정인에게 권한이 집중되어
있는 교회에서는 기대할 수 없게 된다. 왜냐하면 권한이 막
강해질수록 교회는 대형화를 추구하며 더 많은 것을 가지려
고 하는 속성이 있기 때문이다. 실질적으로 성도들의 삶에
'변화'를 주고 '나눔'의 철학을 실천하기 위해서는 교회의 분
권이 필요한 것이다.

교회의 분권은 교회 내의 협의체를 활성화시킴으로써 달성
될 수 있다. 교회 내에서 유명무실화된 '공동의회'가 실질적
인 권한을 가질 수 있도록 해야 하며 제직회와 당회 등 각
기관들도 자율적인 권한을 갖고 고유의 역할을 할 수 있도록
하는 것이 중요할 것이다.

3. 지방자치와 교회성장

민주적인 절차와 분권적 가치가 중요하다
미래비전 제시하는 기독일꾼들 길러 내자

교회가 지역사회와 밀접한 관계를 맺고 지역사회의 각종 문제를 함께 해결하고자 노력하고 있다. 또 많은 예산과 인력을 투자하여 지역사회를 위해 봉사하고 지역주민과의 한마당 잔치를 마련하여 사회적 통합에도 앞장서고 있다. 이렇게 교회가 지역주민과 함께 하려고 노력하는 것은 기독교 복음을 전파하고 영혼을 구원하기 위한 목표와 연계된 것이다. 지역사회의 발전을 위해 무엇보다도 교회로서는 공직자 선거에 관심을 가져야 할 것이다.

교회는 지방자치와 지방분권을 염두에 두어야 한다.

성서에서도 전능하신 하나님이 여러 매개체를 통해 역사하셨듯이 교회에서도 재정과 행정을 특정인이 독단적으로 처리하는 것보다는 여러 사람들의 협력을 통해 처리하는 분권적 풍토가 조성되어야 한다. 중앙정부나 권력자가 독단적으로 의사를 결정하기보다는 다수의 의견을 존중하는 민주적인 절차와 분권적 가치가 뿌리내려야 한다.

이런 분권적 사고가 교회에서 철저하게 교육되고 실천되어야 할 것이며 공평성과 민주성에 기초를 두는 활동이 교회는 물론 지역사회에서도 적용되도록 해야 한다.

주민의 복리 증진을 목적으로 하는 지방자치제도가 건전하게 뿌리를 내리고 꽃을 피우도록 우리 성도들이 앞장서서 물을 주고 거름을 주어야 한다. 그것은 "네 이웃을 사랑하라."는 사회복지서비스에 입각한 예수의 가르침과 지방자치단체의 역할이 서로 일치되는 부분이 있기 때문이다.

따라서 교회는 지방선거(광역단체장, 기초단체장, 광역의원, 기초의원)에 관심을 갖고 투표에 능동적으로 참여해야 하며 출마예정자들의 정책과 비전을 꼼꼼히 따져보는 노력이 필요하다. 그래서 교회의 성장잠재력을 염두에 두고 선거운동단계, 선거단계, 선거 이후의 지방행정에 대한 주민의 참여단계 등에 있어서 깊은 이해가 중요하다.

교회와 교계에서 소외받는 사람들에 대한 관심이 확대되도록 해야 한다. 선거를 통해 공직자를 올바로 뽑는 것이야말로 소외되고 약한 자들에 대한 관심을 확대할 수 있는 기회가 되는 것이다. 그래서 우리 지역의 미래의 비전을 제시할 수 있는 사람, 지역주민의 의사를 최대한 반영할 수 있는 사람, 전문성과 도덕성을 갖춘 사람이 선출되도록 해야 한다.

한편 교회에서는 민주적인 역량을 갖춘 지방자치 일꾼들을 길러내야 한다. 기독교 정신을 구체적으로 실천하고 사회에 헌신적으로 봉사하며 지방자치를 혁신적으로 바꾸어 나갈 역량 있는 일꾼이 양성되도록 해야 할 것이다.

4. 공명한 선거를 바라시는 하나님

> 공명한 선거로 정의 사회 구현 가능해
> 설교·광고시간 후보자 소개 자제돼야

보통 민주사회의 꽃은 '선거'라고 한다. 선거를 통해 지역과 국가의 지도자들이 선출된다. 그리고 국민의 '삶의 질'이 지도자들에 의해 영향을 받는 만큼 선거는 국민의 실제 생활과 직접 연결된다고 볼 수 있다. 따라서 그 선거과정과 절차는 매우 중요하며 그 절차에 합법성과 민주성이 보장되어야 함은 두말할 필요가 없을 것이다.

2006년에 치러진 '5.31 전국동시지방선거'도 마찬가지다. 지난번 선거는 선거문화를 바꾸고 민선4기의 성숙한 지방자치를 이룩하기 위한 '주춧돌'이라고도 할 수 있다.

그래서 앞으로 타락한 선거행태를 용납해서는 안 될 것이며 교회가 앞장서서 공명한 선거가 치러지도록 해야 한다.

교회는 많은 사람들이 모이는 장소이니 만큼 출마자들에게는 좋은 표밭이라고 볼 수 있다. 그래서 교회가 이런 출마자들의 집중 공략 대상이 될 수 있어 교회의 냉철하고 성숙한 판단이 더욱 중요시되기도 한다.

만일 출마자로부터 거액의 특별 헌금을 받거나 설교·광고 시간에 출마자를 직접적으로 소개하고 그 치적을 홍보하는 것은 상당히 불법적인 소지가 있는 것이다.

사실 출마예상자들이 고액의 헌금을 하는 경우 자칫 교회는 고민에 빠질 수도 있다. 많은 헌금이 일시에 출마예상자로부터 들어 올 때 어떻게 처리하는 것이 현명할까?

이런 경우 거절할 수만 있다면 목회자나 교회 차원에서 정중히 거절하는 것이 선거법 위반의 논란을 피할 수 있을 것이고 그것이 합리적이라고 생각한다.

물론 출마예상자가 자발적으로 헌금을 내는 것이 불법인 것은 결코 아니지만 선거 기간 동안 평소보다 훨씬 많은 액수를 낸다면 불법 기부행위로 간주될 소지가 있는 것이다(선거관리위원회 해석).

따라서 선거에 있어서 기독교계는 성도들이 건전한 민주시민으로서의 소양과 자질을 가지고 소중한 '표'를 행사할 수 있도록 유도해야 한다.

우리 사회에 하나님의 정의가 살아 움직이고 주민들의 복지향상을 위해 노력할 수 있는 후보들을 선택할 수 있도록 해야 한다. 또한 생명을 소중히 여기고 하나님의 창조 사역에 동참할 수 있는 역량 있는 후보들이 부각될 수 있도록 해야 한다.

선거에 기독교인들이 적극적으로 참여하고 생산적인 선거 문화가 조성되도록 해야 하는 일은 중요하다. 기독교인으로서 사명감을 가지고 하나님의 정의가 실천되고 건강한 정치가 이루어질 수 있도록 해야 하는 것이다.

투표로 좋은 일꾼을 뽑는 것은 정의로운 사회를 만드는 길이며 곧 하나님의 공의를 실천하는 길인 것이다.

제3장 균형 잃은 교회는 난파한다

1. 교회만 우뚝 세우면 된다

지역 특성과 주민의사 반영하는 절차 마련돼야
형태, 재료, 색깔을 고려한 조화로운 건축 중요

대도시를 중심으로 대형교회가 들어서고 있다. 내가 살고 있는 주변에도 화려하고 웅장한 교회들이 아름다운 자태를 드러내고 있고 높은 십자가가 하늘을 향해 치솟고 있다.

교회 내부 역시 최상의 음향과 동영상 시스템은 물론 고급 인테리어를 갖춰 문화예술에 관련된 공연을 하여도 손색이 없을 정도다. 교회 건축을 위해 성도들의 기도와 헌금이 모아지며 서로 합심하여 건축물을 완성하는 모습은 아름답기 그지없다.

이렇게 아름다운 교회가 건축되는 것은 환영할 일이지만 교회 건축에 있어 지역사회와 좀더 긴밀한 관계를 유지하며 조화로운 건축이 이루어진다면 얼마나 좋을까.

국가나 지방자치단체에서는 개발정책을 시행하기 위해 규모와 위치에 따라 각종 법률과 제도, 정책을 통해 여러 심의 절차를 마련하여 균형 있는 건축이 이루어지도록 하고 있다. 교회 건축물도 예외는 아니어서 각종 규제와 검사를 통해 건축물이 안전하고 쾌적하게 건축되도록 하고 있다.

지역에는 그 지역마다 특성이 있다. 특히 지방자치제도가 시행되면서 지역의 특성은 더욱 중요하게 부각되고 있다.

이런 점에서 교회가 지역사회를 선도하며 지역의 특성을 잘 드러낸 건축물을 시공하였으면 한다. 즉, 교회건물이 주변의 주거환경에 비해 지나치게 커서 위압적이거나 부담스럽지 않게 할 필요가 있다. 그리고 주위 녹지를 활용하여 그 형태나 재료, 색깔 등을 조화롭게 한다면 더욱 보기 좋을 것이다.

나는 중국의 어느 지역을 방문한 적이 있었는데 그곳에는 야경을 멋있게 조성한 도시가 있었다. 조명으로 도시 전체를 예쁘게 장식하여 그 도시의 특성을 나타내고 있었고 거리를 특색 있게 꾸며 관광객을 유치하였으며 건물들도 서로 조화를 이루며 건축되어 있는 모습을 볼 수 있었다. 이는 우뚝 선 하나의 대형 건축물보다는 여러 건물들이 서로 조화를 드러내는 모습이 중요하다는 점을 시사하고 있다.

하나님이 우주만물을 창조하신 사역에 있어서도 질서와 조화를 강조하셨듯이 교회건물이 지역사회 건축물과 어울려 조

화를 이룬다면 지역민의 환영을 받는 분위기가 형성될 것이
다. 나아가 지역사회의 복음화를 한층 앞당길 수 있는 지름
길이 될 것이라 생각한다.

한편 기독교계는 교회의 건축에 있어서 지역사회와의 조화
로운 건축물이 신축되도록 하는 장치를 마련해야 할 것이며
교회 건축과정에 지역민의 의사를 수렴하는 절차도 연구해야
할 것이다.

2. 예산은 내 맘대로

> 선교, 구제, 봉사, 예배 등 균형 있게 편성하라
> 심의과정에 민주성과 투명성이 확보돼야 한다.

하반기가 되면 교회마다 다음 회계연도 예산계획을 수립하고, 심의하는 절차를 거친다. 그런데 경제가 어렵고 교회의 성장도 뚜렷하지 않아 금년과 같은 수준으로 예산을 동결하는 교회가 늘고 있는 형편이다.

예산수립의 방식에는 교회마다 제각기 차이가 있다. 간혹 목회자가 직접적으로 개입하여 예산을 편성하는 경우도 있지만 대부분의 교회는 예산위원회를 통해서 의견 수렴절차를 거치는 경우가 보통이다.

교회 내에 목소리가 큰 사람이나 헌금을 많이 한 사람에 의해서 예산편성이 좌지우지된다면 성도 간에 갈등이 발생할 수 있고 건강한 교회로 성장하는 데 걸림돌이 될 수도 있다.

교회 예산의 편성방법에는 여러 가지가 있을 수 있지만 부서별로 사전에 정해진 한도액 내에서 예산을 자율적으로 편성하여 요구하는 '교회부서별 자율편성제도'가 효과적일 것이다.

또 교회 정책적으로도 이를 검토해서 교회의 비전과 목표에 어긋나지 않도록 조정하는 것이 바람직할 것이다. 이때 성도들의 비전과 꿈이 교회의 울타리를 벗어나서 사회의 소외계층을 향하도록 목회자의 설득력 있는 노력이 중요하다.

부디 교회 예산에 지역의 불우 이웃을 적극적으로 발굴하고 사회봉사단체들과도 연결되는 노력이 시도되기를 기대한다. 이는 교회마다 여건이 다르겠지만, 사회 봉사활동과 이웃을 돕는 구제 선교 예산에 많은 배정이 이루어져야 한다는 말이다. 경제적으로 위기에 처한 사람들, 저소득층 가구, 모자(母子) 또는 부자(父子)가정, 만성질환자, 독거노인, 신용불량자 가구 등을 적극적으로 발굴하는 데 관심을 가져야 할 것이다.

한편 교회 예산안이 심의되고 의결되는 과정에서도 투명성과 민주성이 확보되어야 한다. 교회 예산위원회를 구성할 때 교회 부서의 대표가 참여하고 있으며 예산안이 제직회와 공동의회를 통과하도록 하는 절차를 마련해 놓고 있다. 그러나 실질적으로 교회 성도들에 대해 예산 설명회를 개최하고 이를 인터넷 등을 통해 의견을 수렴하는 장치도 마련해야 할 것이다.

3. 교회 영상에는 목사님만 나와요

> 목회자의 표정이나 세심한 언동만 전달될 우려도
> 예수님이 드러나게 설교와 연관된 동영상이 바람직

　우리의 생활환경이 컴퓨터와 영상을 중심으로 재편되고 있다. 인터넷으로 서적을 읽고 영화나 각종 게임을 즐길 수 있으며 백화점의 매장에 있는 물건을 쇼핑하며 구입할 수 있다. 특히 교회 성도들은 유명한 목사님들의 설교를 텔레비전의 각종 채널을 통해 골라 들을 수 있다. 너무나 편리한 세상으로 변해가고 있다.

　현대식 건물을 갖춘 교회에서는 각종 영상시스템을 중요시하여 모든 설교와 찬양, 문화 공연을 영상시스템에 의존하고 있다. 특히 설교는 주로 구연하는 것으로 인식되어 왔는데 요즘에는 영상 매체를 설교에 도입하여 시각화 및 입체화하

고 있다. 기존의 '청각'을 이용한 전달에서 '시각'으로까지
확대하여 다양화되고 있다.

　이런 영상을 보는 성도에게 메시지 전달의 효과는 클 수밖
에 없을 것이다. 그래서 영상매체를 설교뿐만 아니라 찬양,
문화공연, 그리고 각종 회의에 이르기까지 영상시스템이 확
대되고 있는 것이다.

　그렇지만 실제 교회에서 얼마만큼 영상을 이용하고 있는지
는 의문이다. 며칠 전 나는 영상시스템이 비교적 잘 갖추어
져 있는 대형교회의 행사에 참여한 적이 있다. 현대식 건물
과 영상시스템이 구비되어 있었지만, 스크린으로 설교자의
모습을 드러내고 성경 본문과 설교 제목 정도를 나타내는 아
주 초보적인 단계에 머물러 있는 것을 볼 수 있었다. 훌륭한
영상시스템을 갖춘 교회로서 이를 최대한 활용하지 못하는
아쉬움이 있었다. 설교와 직접 또는 간접적으로 연관된 동영
상을 기존의 영화나 드라마로부터 발췌하거나 일부분을 직접
제작하려는 시도는 거의 찾아볼 수 없었다.

　이제 시대의 흐름에 맞게 영상매체를 활용한 설교와 찬양,
선교 및 문화공연이 확대될 필요가 있음을 공감한다. 그런데
이런 영상매체를 갖추기 위해서는 무엇보다도 교회의 재정 확
보가 필수적으로 수반된다. 그리고 이를 활용하는 여건이 교회
마다 다를 수 있으므로 이를 도입함에 있어서는 목회자들의
인식이 전환 되거나 성도들의 적극적인 수용자세가 요청된다.

한편 영상매체의 활용에 따른 역기능적인 측면도 간과해서는 안 될 것이다.

설교시간에 설교자의 화상만을 비출 경우 설교자의 표정이나 세심한 언동이 화면으로 지나치게 확대되어 설교자만을 부각할 수 있는 단점이 있다. 또 예배의 거룩한 분위기가 영상매체로 인해 오히려 깨뜨려질 수 있음도 알아야 할 것이고 영상으로 인해 성경이 본래의 취지에 맞지 않게 왜곡될 가능성도 있는 것이다. 이는 영상매체를 교회 실정에 맞게 도입하되 신중한 사용이 요청되는 부분이다.

4. 주인공 없는 생일

> 단순한 기쁨과 화려한 불빛에 가려진 예수를 찾자
> 이웃과 함께 하며 나눔과 겸손의 축제를 만들어야

크리스마스트리가 장식되어 화려하게 반짝이고 있다. 교회에서는 다양한 프로그램으로 성탄의 소식을 전하고 아이들은 크리스마스 캐럴을 부르며 마냥 기뻐하는 모습이다. 백화점이나 상점에서도 크리스마스 이벤트를 벌이고 있다.

이렇게 성탄은 모든 사람들에게 기쁨이 되고 인류를 구원하시기 위해 오신 예수님을 맞이하는 축제라고 할 수 있다. 그렇지만 우리는 화려한 불빛의 그림자에 가려진 소외된 이웃의 한숨과 신음을 기억해야 하며 이 신음소리가 축제의 노래에 묻혀 버리지 않도록 해야 한다.

예수께서 세상에 오신 것은 사망의 권세를 결박하고 흑암을 깨뜨리기 위한 것이다. 그리고 구세주가 베들레헴의 천한 말구유에서 태어나신 의미를 생각해 보면 세상의 가장 낮은 자들과 함께 하시길 원하신 징표라고 할 수 있을 것이다.

그런 의미에서 성탄절은 그 무엇보다도 약하고 소외된 사람들을 돌아보는 계기가 되어야 한다.

얼어붙은 사람들의 마음을 우리가 뜨거운 마음으로 녹여 줘야 한다. 또한 교회 목회자가 남모르게 흘리고 있는 눈물에도 관심을 가져야 하며 이 시대 아버지들만이 겪고 있는 괴로움과 지친 마음에도 평화가 전해져야 한다.

이번 성탄절을 전후로 하여 교회의 나눔 운동이 구체적으로 확산되었으면 좋겠다.

교회들이 연계하여 복지수요자들을 발굴하고 체계적으로 이들을 도울 시스템을 갖춰야 한다. 그래서 실업자, 장애인, 독거노인 등에 대한 발굴과 지원이 꾸준하게 이루어져야 한다. 이때쯤에 나오는 구호가 예수님의 사랑이다. 그렇지만 이제 '말'로만이 아닌, 진정한 '실천'으로 표현되어야 한다고 본다. 단순하게 물품을 전해 주고 돌아오는 차원을 넘어서 어려운 이웃의 안타까운 마음을 이해하고 정(情)을 함께 나누면 좋겠다.

FTA(자유무역협정)협상 등으로 인해 농민, 노동자 등 움츠린 사람들의 갈등과 고통이 더해가고 있다. 그들을 위로하고 도움을 줄 수 있는 방안을 교회가 제시해야 한다. 그들의

신음 소리에 우리 교회가 다양한 방법으로 응답해야 하며 구
체적으로 기도해야 한다.

또 이번 성탄절에는 우리 모두 천사가 되어 보는 것이 어
떨까?

가까운 사람에게 상대가 알 수 없도록 선한 일 한 가지씩
을 해보자.

그리고 상대가 평소 갖고 싶어 했던 작은 선물도 곁들여
보자. 아주 작은 일이지만 우리 모두 천사가 되어 이웃을 섬
긴다면 우리 사회와 가정은 금방 환해 질 것이다.

5. 부동산 구입에만 혈안

교회건축, 기도원신축, 묘지구입 등에 눈독
예배, 교육, 선교, 봉사 등에 수지 균형 필요

　교회 예산을 편성·심의하는 시기가 되었다. 교회 예산은 교
회마다 특성을 지니고 있어 그 결정 구조와 내용을 살펴보면
교회 활동의 면면을 알 수 있다.

　교회 예산은 선교, 구제, 봉사, 교육, 예배 등 각 영역에서
수지균형이 이루어져야 한다. 왜냐하면 예산이 건전하게 운
영될 때 성도들의 공감과 동의를 얻을 수 있으며 교회 목표
와 비전을 이루는데도 효율적이기 때문이다.

　예산의 결정과정에는 민주성과 투명성이 보장되어야 한다.
간혹 목회자가 직접적으로 개입하여 특정항목의 증액과 삭감
에 커다란 영향을 행사하는데 이는 결코 바람직스럽지 않다.

민주적인 방식을 통해 토론과 심의과정을 거쳐 투명하게 편성되어야 하고 여기에는 교회 예산위원회의 역할이 중요하다고 본다. 만일 예산위원회마저도 목회자의 의중에 따라 형식논리에 빠져버린다면 그것은 안 될 일이다.

예산에는 '나눔'과 '섬김'의 기독교 정신이 반영되도록 해야 한다. 예산의 50% 이상은 이웃에 대한 구제와 복지 예산으로 편성되어야 한다. 교회가 지역을 섬기며 예수님의 사랑을 실천할 수 있는 일을 찾아야 한다.

교회의 재정 규모가 커지면서 교회는 필연적으로 교회건축 -기도원신축-묘지구입의 순서를 거친다.

교회의 필요에 따라 부동산을 구입하여 활용하는 것을 비판하는 것은 아니다. 그러나 빈곤의 늪에 허우적거리는 이웃과 신음하는 사람들의 모습을 지켜본다면 좀더 신중해야 하지 않을까?

요즘 강조되는 것이 '선택과 집중'이다. 일상 경비나 기관 운영비는 지출되어야 하겠지만 소모성 예산이나 낭비성 있는 예산은 줄여나가는 추세다. 교회도 일회성 행사는 지양하고 예수님을 찬양하며 지역주민을 섬기는 일에 집중해야 한다.

특히 미 자립 교회의 목회자 사례비가 최저생계비에도 미치지 못하여 남몰래 눈물 흘리는 목회자가 있음을 직시해야 한다. 또한 최저생계비를 상회하는 수준에서 목회자의 사례비가 결정되었다고 해서 교회의 할 일이 끝나는 것이 아니다.

최저생계비(2007년도를 기준으로 2인 가구는 74만 3천 원, 4인 가구는 120만 5천 원)는 최저기준일 뿐이다. 그래서 최저생계비와는 별도로 목회자의 품위 유지나 문화생활을 누릴 만한 비용이 추가되어야 함은 두말할 나위가 없다.

한편 기독교계는 예산편성의 기본원칙을 제시하고 교회의 특수성이나 사역의 전문성을 고려한 예산이 운영되도록 예산 운용 교육을 실시해야 한다. 또 미 자립 교회의 목회자 사례비만큼은 정확히 확보되도록 관심을 쏟아야 할 것이다.

6. 토지는 많이 가질수록 좋다(?)

❦

┌───┐
│ 기독윤리에 따라 재산권 행사는 공공성 존중해야 │
│ 과도한 토지소유는 욕심이며 신앙윤리에 어긋난다. │
└───┘

서울의 특정지역의 아파트 가격이 하늘 높은 줄 모르고 오르고 있다. 서민들이 평생 땀 흘려 일해 돈을 벌어도 가파른 가격 급등으로 생긴 어마어마한 차익과는 비교도 못할 정도다. 부동산 가격을 안정시키기 위한 정부의 적절한 조치가 필요할 것이다. 그런데 문제는 정부가 내놓은 부동산 관련 처방이 먹혀들지 않고 있다는 데 있다.

그래서 부동산에 대한 인식을 새롭게 하도록 기독교계에서 선지자적인 목소리가 나와야 하는 시점이 되었고 교회도 현대사회에 맞는 역할을 할 때가 되었다.

우선 하나님께서 주신 토지에 대해 성서적인 접근이 필요하리라고 본다. 토지 소유권을 일정하게 제한하지 않고 무제한으로 허용하는 것은 빈부의 격차를 더욱 크게 만들 것이다. 그래서 우리나라에서는 '토지공개념(土地公槪念)' 제도가 10여 년 전에 이미 도입되었다. 그렇지만 여러 문제가 발생하여 헌법재판소는 위헌결정을 내리기에 이르렀다.

토지공개념을 도입할 당시의 목적은 부동산 투기 열풍을 잠재우기 위한 것이었다. 예를 들면 '택지 소유에 대한 법률', '토지초과 이득세법', '개발 이익 환수에 관한 법률' 등의 법률로 상당한 강제가 이루어졌다. 하지만 이런 법률이 국민의 재산권을 침해한다는 이유로 폐지되었는데 토지 소유를 과도하게 제한하는 것은 자본주의에서 용납될 수 없다는 취지였다.

사실 이런 법률로 국민의 재산권을 제한하려는 것은 국민들의 반발을 불러올 소지가 있다. 따라서 이제 기독교계가 윤리 운동으로 '토지공개념'을 실천해 나간다면 법적인 논쟁을 피하고 합리적인 토지이용을 유도할 수 있을 것이다.

기독교계 내에서 땀을 흘려서 소득을 얻으려는 운동이 전개되어야 하고 부동산 가격의 급등을 노리고 비정상적인 방법으로 수입을 창출하는 사람들을 변화시켜야 한다.

개발 사업의 시행으로 땅값이 마구 올라 커다란 불로소득(不勞所得)이 생긴 경우 개발 이익의 환수를 요청하는 데 있어 강제적으로 접근하는 것보다는 기독교계의 신앙윤리에

호소하여 자발적으로 사회에 환원할 수 있도록 유도하자는
것이다.

그러기 위해서는 투기로 부(富)를 축적하려는 사고를 버리
도록 기독교 윤리교육이 강화되어야 한다. 그리고 토지에 대
한 성서적인 연구와 교육이 절실하다고 본다. 부동산 투기로
벌어들인 수입과 그 십일조를 하나님이 얼마나 기뻐하실지는
의문이기 때문이다.

자신에게 주어진 부(富)를 '투기'보다는 건전한 방법으로
'투자'하고 이를 다시 사회에 '환원'하는 방법들을 교회가 제
시해 주어야 한다.

제4장 푸른 교회를 지향한다

1. 푸른 교회는 될 수 없나?

> 교회 담장 허물어 이웃에게 사랑 전해야
> 나무 심고 미소 심어 푸른 교회 만들자

　　현대사회의 가장 큰 문제 중의 하나가 환경오염문제다. 자동차 매연을 비롯하여 각종 오염물질이 우리 인간들을 병들게 하고 있다. 특히 '개발논리'에 따라 도시가 늘어나면서 상대적으로 녹지대가 급속하게 감소하고 있다. 그리하여 나무를 심고 숲을 가꾸는 마음들이 사라지고 있다. 교회마저도 이런 일에 무관심하고 있는 것이다. 나는 좀더 교회가 나무 심기에 관심을 갖고 생명과 건강을 안겨주는 '숲 가꾸기'를 해 나갈 것을 제안하고 싶다.

　　먼저 교회는 교회의 담장을 허물고 그곳에 나무를 심어야 한다고 본다.

각박한 세상에서 담장이 높아만 가고 있지만 교회가 앞장서서 막힌 담을 허물어야 할 것이다. 각종 꽃과 나무를 심어 허물어진 담장을 채워야 한다. 경우에 따라서는 아주 작은 공원을 만들면 더욱 좋을 것이다. 이웃에게 쉬어 갈 수 있는 휴식공간을 만드는 작업이 중요하다. 가족끼리 막힌 담을 헐고 이웃과 교회 간에 불신을 허물어 버리도록 해야 할 것이다.

또 교회의 앞마당에는 정원을 만들고 나비와 벌들이 찾아오도록 해야 한다. 작은 물이 흐르는 연못이 있다면 더욱 바랄 게 없다. 그리고 근처에 산이 있다면 숲과 연계된 생태학습장을 만들어 봄직도 하다. 교회로 들어오는 길목에는 꽃길을 만들어 보는 것이 어떨까?

이제 교회는 성도들의 '삶의 질(質)'을 염두에 두어야 한다고 본다. 성도들도 양적인 성장과 숫자만을 의식하기보다는 질적인 충만과 내실을 기대하고 있다. 성도 개개인의 삶의 질을 고려하는 교회에 출석하고 싶어 하고 그런 교회에서 신앙생활을 하고 싶어 한다. 쉼터가 있고 그늘이 있는 곳, 대화와 웃음이 있는 곳을 그리워한다. 그래서 예수님이 주신 진정한 휴식과 평안을 맛보고 싶어 하는 것이다.

우리 신앙생활의 환경을 바꿔야 한다고 생각한다. 삭막한 도시환경을 교회에서부터 바꾸는 운동을 하자. 목회자들이 앞장서서 푸른 교회의 중요성을 인식할 때가 되었고 교회의 지도자들이 도시의 녹화와 푸른 숲을 가꾸는 데 관심을 가져야 한다. 교회마다 나무를 심고 푸른 도시 가꾸기에 앞장서야 한다.

이것은 그동안 교회가 건물을 높이고 주차 문제를 야기하며 주변과 분쟁을 일으켰던 문제, 자신과 교회만을 생각했던 이기주의 문제 등에 화해의 손을 내미는 일과 같으며 우리의 이웃에게 미소 짓게 하는 일이 될 것이다.

푸른 교회는 우리의 가슴에 초록빛 희망을 안겨줄 것이며 새로운 비전과 도전을 갖게 해 줄 것이다.

생명력이 가득 찬 나무를 심고 건강을 주는 숲을 거닐며 갈등과 분쟁을 대화로 풀어보자.

2. 환경친화적 교회생활

삶에 지친 사람들에게 평안과 휴식을 제공하고
자연의 즐거움을 하나님의 사랑으로 승화시켜야

요즘 환경친화적인 제품이나 농산물이 뜨고 있으며 아파트, 주택 등 주거환경은 물론 도시마저도 환경친화적인 설계를 통해 인간과 자연이 조화를 이루는 생활을 강조하고 있다.

인간과 자연이 함께 조화를 이루며 살아가는 모습은 천지를 창조하신 하나님의 창조목적에도 부합되며 아름다운 삶을 살기 위한 조건이기도 하다. 특히 교회가 환경친화적인 건축을 지향하고 자연과 조화를 이루는 예배, 기도를 통해 하나님을 찬양하는 것은 의미 있는 일이라고 생각한다.

교회는 자연과의 조화를 통해 하나님의 음성을 듣도록 해야 하며 인간에게 일터와 휴식의 공간으로 제공된 자연을 보호하도록 해야 한다.

교회 건축에 있어 시멘트, 벽돌, 철골구조만이 앙상하게 드러난 형태가 아닌 숲과 나무가 어우러진 공간을 꾸미며 이웃 지역주민이 찾아와 평안과 안식을 누릴 수 있도록 배려해야 한다. 나무와 꽃, 돌, 새들이 서로 조화를 이루며 도시의 삭막함을 쫓아낼 수 있다면 지역 내에서 작은 쉼터의 역할을 톡톡히 해낼 것이다.

그래서 환경을 파괴하고 자신들의 욕망을 채우며 앞만 보고 달려온 사람들에게 하나님의 위대한 사랑을 드러낼 수 있도록 해야 한다.

교회는 주일학교나 각 자치회에서 환경보호운동을 실천해 나갈 수 있도록 유도해야 하며 하나님의 창조사역을 몸으로 체험하게 해야 한다. 한창 유행했던 자신이 가진 물건을 아껴 쓰고 나눠 쓰고 바꿔 쓰고 다시 쓰는 환경보존 문화가 교회에 정착되었으면 좋겠다. 음식물을 먹고서 쓰레기를 남기지 않도록 하거나 절제하는 운동도 사회적으로 확산시켜 나갔으면 한다.

교회의 자연보호운동은 전도 활동과 연계되어야 한다. 하나님이 창조하신 자연의 아름다움만을 감상하는 차원보다는 자연을 하나님의 능력이나 증거로써 인식하며 자연으로부터 오는 즐거움과 기쁨을 하나님의 사랑으로 승화시켜 영혼을 구원하는 차원으로 연결시켜 나가야 한다.

그리하여 오늘날 불어 닥친 생명경시, 자연훼손, 환경오염, 성도덕 문란, 가정파괴 등 무질서와 부조화로 가득 찬 세상을 변화시키는 작업을 감당해야 한다.

조화와 질서로 아름다움을 창조하고 공의－자유－평등－인권 등을 존중하며 지속가능한 개발과 보존이 이루어지도록 해야 할 것이다.

한편 기독교계는 난개발로 황폐화되어 가고 있는 환경문제에 적극적으로 개입해야 한다고 보며 교계 차원에서 하나님의 창조섭리에 따라 자연을 사랑하며 보존할 수 있도록 각종 장치를 마련해야 한다.

3. 자연환경에는 관심 없어

> 자연과의 조화를 통해 행복과 번영을 도모하자
> 교회가 먼저 자연보호운동 펼치고 생활화해야

하나님께서 우리에게 주신 자연은 매우 중요하다. 인간은 자연에서 태어나 자연에서 살다가 자연으로 돌아가는 것이다. 이런 자연이 파괴되어 자연생태로 복원되기 위해서는 많은 시간과 노력, 비용이 소요된다. 그래서 자연환경의 보존과 개발을 둘러싸고 정부와 시민단체, 종교단체, 기업체 등이 각자의 이해관계에 따라 여러 가지 논란이 벌어지고 있는 것이다.

최근 경인운하건설사업, 새만금개발사업, 천성산 구간에 대한 환경파괴 논란 등은 이런 갈등의 대표적인 것들이고 이들 사업은 비용 면에서도 모두 수천억 원에서 1조 원 이상이 투입되는 대규모 사업이라는 특징이 있다.

자연환경은 하나님께서 우리 인간의 행복과 번영을 위해 주신 것이지만 이를 잘못 사용하여 하나님의 뜻을 어긴다면 엄청난 재앙을 초래하기도 하고 심각한 자연 파괴로 이어지기도 한다.

자연과의 조화를 통해서 인간과 자연이 공존하는 세상을 만들고 자연을 보호하고 선용하는 지혜가 우리들에게 필요한 것이다.

자본주의가 발달하면서 기업과 건설 주체, 소비자 등 대부분의 단체들이 '보존'보다는 경제논리에 따른 '개발'에 우선을 두고 있는 상황이다.

그래서 대규모로 이루어지는 사업에 대해서는 일정한 절차에 따라 사전에 환경성에 대한 검토를 거쳐야 할 필요성이 제기되고 있다. 특히 국가 및 지방자치단체에서 실시하는 일정 규모 이상의 대형 국책사업이나 도로건설공사 등은 타당성 조사단계에서 사전에 국민적 합의가 이루어지도록 하는 절차를 거치고 있다.

또 성도들은 환경을 보호하기 위한 작은 일부터 실천하는 노력을 해야 할 것이다. 예를 들면 도시지역에서 발생하는 음식물류 폐기물을 바로 버리거나 매립하기보다는 소각이나 퇴비화, 사료화하는 것이 필요할 것이다. 그리고 법적으로도 이런 과정을 거친 잔재물만 매립하도록 하고 있다.

이처럼 자연환경 보호를 위한 각종 노력들이 행정적인 차원이나 법적인 차원에서 이루어지고 있지만 교계에서는 이에 대한 관심이 부족한 것 같다.

이제 교계에서 환경보존에 적극적으로 나서야 한다고 본다. 교회에서 목회자들이 환경에 대한 중요성을 인식하고 환경문제를 다루는 설교를 시도하고, 지역사회에서 교회가 주체가 되어 환경보전을 위한 각종 활동을 펼칠 필요가 있는 것이다.

한편 대형교회나 기도원, 교육관, 묘지 등을 건설함에 있어서 친환경적인 건설이 이루어지도록 해야 할 것이며 교회의 각종 교육 프로그램에서도 환경보존을 생활화할 수 있는 내용이 포함되도록 해야 할 것이다.

4. 부조리를 털어내자

남이 하면 '스캔들', 내가 하면 '로맨스'라는 인식 고쳐야
교회는 부정부패에 민감하게 대응하고 윤리교육 강화하자

날마다 온갖 부정부패(不淨腐敗)가 뉴스를 장식하고 있다. 정치자금의 검은 돈, 엄청난 금액의 각종 게이트, 건설 수주 공사비리, 이권청탁 뇌물 등 언제부터 우리나라가 이런 부패 공화국이 되었는지 한심스러울 뿐이다.

그러면 이런 부정비리로 우리 사회가 얼룩지는 동안 기독교인들은 정작 무슨 역할을 했는지 자문해 보지 않을 수 없다. 통계적으로나마 우리 기독교인들은 전체인구의 1/4를 차지하고 있는데 사회에 대한 영향력을 발휘하지 못하고 있는 현실이 안타까울 뿐이다.

그동안 기독교계에서 배출한 수많은 신실한 정치가와 경제

인, 문화예술인, 사회사업가 등은 지금 어디에 있을까?

기독교인들이 사회의 부정부패에 대해 민감해야 한다. 언젠가부터 기독교인들도 죄에 대하여 무감각해져 버렸다. 사실은 이것이 가장 큰 문제라고 생각한다. 부정을 부정으로 보지 못하는 것, 죄를 죄로 인식하지 못하는 것이 나를 더욱 슬프게 만든다. 남이 하면 '스캔들'이고 내가 하면 '로맨스'라는 인식부터 뜯어고쳐야 하는 것이다.

앞으로 기독교인들은 사회의 부정에 대하여 과감하게 항거하며 정의(正義)의 편에 발걸음을 옮겨놓아야 한다. 그 길이 아무리 좁고 험한 길이라도 예수님이 그리하셨듯이 그 길을 가야 하는 것이다.

교회 학교에서는 부정에 대해서 조그마한 저항이라도 할 수 있는 힘과 그 방법론을 깨우쳐 주어야 한다. 예를 들면 학교 시험 중에 컨닝을 하지 않도록 하는 작은 실천이 중요하다.

나는 종종 대학에서 시험을 감독할 때면 정말 볼썽사나운 수많은 백태를 발견하게 된다. 시험을 치르기도 전에 이미 벽이나 책상에 예상 답안을 빼곡히 메모해 놓은 것을 볼 수 있고 심지어는 투명한 용지에 주요 내용을 복사해서 시험을 치르는 학생을 적발하곤 한다. 많은 학생들이 이런 부정행위에 둔감해 있는데 청소년이나 대학 시절부터 이런 행동에 부끄러워하는 학생들을 양성해야 하는 것이다.

기독교인들은 사회의 각종 부정부패 행위에 대해 과감하게 선지자적인 목소리를 내야 한다. 부정의 소지가 있는 제도에 대해서 개선책을 마련하도록 지적해야 한다. 그리고 부패 방지 교육은 물론 부패 추방 운동을 범 기독교적인 차원에서 벌일 필요가 있다.

교회와 교계가 유기적인 관계를 맺고 부정부패 추방을 척결하도록 정부는 물론 각계각층에 외치며 요구해야 한다.

차제에 기독교계와 교회에서는 사회 윤리적 교육을 좀더 강화할 필요가 있으며 불의에 저항하는 그리스도인, 순결한 그리스도인 등이 훈련되고 양육될 수 있도록 해야 할 것이다.

5. 빚이 늘어난다

> 성실하게 일해서 빚 갚도록 하는 장치 마련해야
> 빚 독촉으로 쇠약해진 사람들의 마음을 위로하자

우리 가정이 병들어 가고 있다. 카드 빚으로 경제적인 고통에 신음하는 가정과 성도들이 늘어나고 있다. 그래서 개인과 가계의 채무가 도저히 갚을 수 없는 상황으로 이어지는 경우도 있는 것이다.

우리 사회에 신용불량자가 이미 300만 명이 넘었고 매월 10만 명씩 증가하는 상황(2003년 7월 현재)이다. 이것을 방치하면 빚에 시달리는 사람들의 신음이 하늘을 찌를 것이며 사회적인 불안으로도 이어질 수 있기 때문에 국가와 교계 차원의 개선책이 시급하다.

국가에서는 (가칭)신용회복지원특별법을 제정해서 일정 기간 개인의 신용회복을 지원해야 한다. 그리고 신용회복지원과 고용프로그램을 연계해서 신용불량자들이 성실하게 일해서 빚을 갚도록 하는 장치를 마련해야 한다. 특히 청년 등 미 취업 신용불량자들이 취업에 있어서 차별을 받지 않도록 하는 특단의 대책이 필요한 것이다.

불법적으로 빚을 갚도록 독촉할 경우에 채권자들에 대해서 강력하게 대처할 수 있도록 해야 한다. 빚 독촉을 받는 채무자는 채권자에 비해서 상대적으로 약자의 위치에 있기 때문에 부당한 압박을 받을 수 있다. 그러므로 불법적인 빚 독촉에 대해서는 단호한 대처가 필요하다.

불법적인 빚 독촉 유형을 예로 들면 가족들에게 협박에 가까운 변제를 요구하는 것, 집·시골 부모 집에 압류장을 보내 가족들에게 망신을 주는 것, 새벽 심야 휴일에 무차별적으로 전화를 하는 것 본인 허락 없이 직장에 방문해서 망신을 주거나 집을 수시로 찾아와서 동네에 소문을 내는 것 등이 있다.

따라서 이런 불법적인 행위에 대해서는 교회와 이웃이 함께 대처해 주어야 하며 이런 대처는 빚 독촉을 받고 있는 성도들에게 큰 힘이 될 수 있다. 한편 빚 독촉으로 쇠약해져 있는 성도들의 마음을 위로하는 것도 교회의 중요한 역할이라고 할 수 있다.

빚에 대한 책임을 회피하기 위해서 최근 자살을 택하거나 범죄를 저지르는 경우가 있는데 이것은 문제해결의 적절한 방법이 아니다. 도저히 헤쳐 나올 수 없는 상황이라면 개인 파산 제도를 활용해 볼 수 있다.

개인 파산 제도는 채무자 스스로 자신을 파산자로 선고해 달라고 법원에 신청하는 것인데 대출이나 빚보증 때문에 자신의 능력으로는 감당할 수 없는 빚을 진 개인이 신청할 수 있는 제도이다. 다만 이 파산 선고를 받으면 채무가 면책될 수 있지만 경제활동의 사형선고와 같아서 사회적·경제적으로 많은 제약을 받을 수 있다는 점도 유의해야 한다.

6. 중국에도 가야 하리라

> 중국 선교에 헌신을 다짐하는 젊은이들 양성하자
> 체계적인 선교훈련 프로그램을 연구하고 확산해야

　나는 중국(中國) 상해, 소주, 항주 등을 방문한 적이 있다.
중국 문화를 체험하고 문화유적지를 답사했는데 중국의 실체
를 구체적으로 들여다보는 기회였다. 그곳에 갈 때마다 중국
은 우리와 문화적으로 많은 유사점을 가지고 있음을 느낀다.
　중국에서 나는 한류(韓流) 열풍을 실감할 수 있었다.
　TV드라마, 가요, 영화 등 우리 문화가 이렇게 열기를 품
고 있는지 몰랐다. 길거리에 있는 한 식당에 들렀을 때에 한
족 종업원까지 배용준, 장나라 등 유명한 탤런트를 말하고
있었다. <겨울연가>, <대장금> 등 한국드라마를 좋아했고 젊
은이들이 중국 CCTV를 통해 방영되는 한국드라마를 시청하

고 있었다.

한복, 화장품은 물론 한국제품이라면 아주 작은 물건까지 좋아했고 한국노래와 한국말을 배우려는 태도도 보였다. 한국에 대한 관심은 중국 어디에서나 발견할 수 있었다.

이러한 열풍을 기독교의 선교와 연결시킬 수만 있다면 더없이 좋은 기회가 될 수 있을 것이다.

중국 도시마다 한국산 자동차와 전자제품을 볼 수 있으며 거리마다 현대적인 스타일의 수많은 건물들이 있었다. 상해 야경(夜景)은 야간에 화려한 조명으로 건물을 장식하고 있어 정말 환상적이었다.

상해, 소주, 항주는 중국사에 인물들의 발자취가 배어 있는 곳으로 우리 역사와도 많은 관계가 있다. 상해 임시정부유적지는 일제시대 3·1운동이 일어난 후 광복을 위해 활동한 우리민족의 자존을 세운 장소이기도 하다.

그런데 나의 관심은 13억 인구에 대한 중국 선교였다. 내가 방문하는 동안 기독교인을 직접 만날 수는 없었지만 동양인으로서 유사한 문화를 가진 한국이 선교에 적격이라는 생각을 떨칠 수 없었다.

비록 선교가 고난과 역경의 길이지만 우리가 체험한 교회의 부흥을 중국도 경험할 수 있으리라고 생각한다. 중국 선교에 대해 관심을 갖고 헌신을 다짐하는 젊은이들이 있기 때문이다.

한국교회가 중국선교에 대한 비전을 강화할 필요가 있다고 본다. 중국이 복음을 열정적으로 받아들일 수 있도록 전략적인 준비도 함께 해야 한다. 중국에 대해 좀더 깊이 연구하고 체계적인 선교훈련은 물론 그들 밑바닥 정서와 문화 등 각종 선교 정보도 수집해야 할 것이다.

21세기의 중국은 우리에게 기회의 땅이 될 수 있을 것인가? 이것은 우리가 중국을 어떻게 이해하고 접근하느냐에 따라 달라질 수 있을 것이다.

이제 우리의 시선을 국내에만 두지 말고 중국을 포함한 세계 선교를 향해 꿈을 펼쳐보자!

제5장 축제 판을 벌이자

1. 지역축제에 판을 벌이자

기독문화를 알릴 선교 전문 사역 팀 파견해야
축제에 참여해 예수의 사랑과 나눔을 실천하자

지역마다 봄 축제가 한창이다. 지역축제가 향토문화와 지역 특유의 색깔까지 조화를 이루면서 지역사회에 많은 관심을 불러일으키고 있다.

전남에서만 한 해 동안 열릴 각종 축제가 33개나 되고 전국 각지에서 상당히 많은 축제들이 계획되고 있다. 목포 유달산 일원에서 펼쳐질 유달산 꽃 축제를 비롯하여 영암 왕인 문화축제, 여수 영취산진달래 축제, 순천 낙안민속문화축제 등 많은 축제들이 우리를 부르고 있다.

그런데 기독교인들은 이런 축제행사에 매우 소극적이거나 아예 참여를 거부하고 있는 경향이 있다. 아마 축제에 으레 등장하는 술과 향연이 기독문화에 맞지 않기 때문일 것이다.

그렇지만 지역축제에 교회가 적극적으로 참여하여 기독문화를 알린다면 얼마나 좋을까.

많은 사람들이 지역축제에 몰려오는 시기에 지역의 해당 교회에서도 축제의 성격을 띤 기독문화 프로그램을 개발한다면 지역사회와 교회 사이에 막혔던 담을 허무는 계기가 될 수 있을 것이다.

이를 위해 교계에서 기독문화를 알릴 수 있는 문화선교전문 사역 팀을 조직하여 지역축제 현장에 파견하고 해당 지역 교회와 연대하여 그리스도의 사랑을 전하는 역할을 한다면 교회가 지역축제와 지역사회를 선도할 수 있을 것이다.

또 기독교계 지도자들이 지역축제를 계획하는 단계는 물론 집행단계의 모임에 적극적으로 참여하여 지역축제가 향락적으로 흐르지 않고 생산적인 축제, 나눔과 사랑을 실천하는 축제, 기독문화가 꽃피는 축제 등이 되도록 해야 할 것이다.

지역축제에서 기독문화 프로그램을 선보이는 것은 얼마든지 가능하다.

얼마 전 십자가 평화대행진 행사가 있었다. 교계지도자와 성도들이 십자가를 메고 순례하면서 기도하고 이 땅의 회복을 외치는 프로그램이었는데 여러 지역에 신선한 바람을 일으키기도 했었다.

이제 교회가 지역축제를 방관하거나 무시하는 태도를 갖기

보다는 좀더 능동적인 참여 자세를 가져야 할 것이다. 지역
축제에 직접 참여하기가 어렵다면 교회 체육대회 등으로 지
역주민들을 초청하는 행사를 갖는 행사를 마련하여 점차 교
회가 지역사회 속으로 들어가야 한다.

교회의 연극, 찬양, 문화공연이 과감하게 축제현장에서 펼
쳐지길 바란다. 사실 유럽에서는 15세기부터 교회의 연극이
광장에서 일반 시민들에게 공연되기 시작하였다. 이를 통해
성탄절 풍습을 만들어 냈던 일도 있다.

요즘은 문화시대라고 말한다. 문화가 '밥'이 되고 문화가
'선교'의 귀중한 도구가 되고 있다.

교회마다 독특한 기독문화를 만들어 갈 수 있는 프로그램
을 개발하고 교계에서도 문화선교 사역 팀에 대한 지원을 확
대해 나가야 할 것이다.

2. 교회행사를 축제로 만들어라

교회행사는 주민과 함께하는 축제가 되어야
축제 메뉴는 용기, 희망, 꿈, 성공, 풍요로움

가을이 되면 대학 캠퍼스를 비롯하여 각종 단체, 지역, 교회 등에서 축제를 연다. 지역축제뿐만 아니라 교회에서 열리는 축제도 우리의 가슴을 설레게 한다. 교회마다 많은 재정을 들여 축제를 준비하고 지역사회에 맞는 여러 가지 행사를 준비하기도 한다.

교회는 여러 가지 명칭으로 축제를 열지만 그 내용을 보면 매우 다양한 프로그램으로 채워져 있는 것을 알 수 있다. 한방 치료를 비롯하여 음악회나 체육대회 등을 개최하기도 하고 주민들에게 선물을 나눠주기도 한다.

나는 교회의 여러 가지 행사가 지역주민들과 함께 하는 축제가 되어야 하고 예수님의 사랑을 전할 수 있는 계기가 되어야 함을 주장하고 싶다.

교회 축제는 지역민에게 꿈과 희망을 전하고 예수님을 찬양하는 메아리가 울리도록 해야 한다.

무엇보다도 좌절감에 빠져 있는 청소년들이나 우울감에 젖어 있는 주부들 여러 가지 사정으로 고통 받고 있는 사람들에게 꿈과 희망과 믿음을 심어줄 수 있는 교회 축제가 되었으면 좋겠다.

더 나아가 교회 임직식이나 교회 각종 기념주일도 지역주민들을 초청할 수 있는 기회가 되었으면 좋겠다. 예수님이 함께하는 곳이면 언제나 풍성함과 희망이 넘쳐나는 자리가 되어야 하는 것이다.

그리고 교회 축제는 해당 교인들의 축제에 그치지 말고 지역주민들을 열린 마음으로 초청하고 주민들과 함께 만들어가는 행사가 되어야 할 것이다.

예수만 계시다면 아무것도 없는 넓은 광야에 잔칫상이 차려질 수 있었듯이 풍요로움으로 가득한 축제가 되면 좋겠다. 교회가 희망을 심어줄 수 있는 있는 곳이 되어야 하며 좌절, 공포, 불안, 실패, 빈곤 등을 용기, 희망, 꿈, 성공, 풍요 등으로 바꿀 수 있는 교회가 되어야 할 것이다.

한편 교회의 각종 행사에 발상의 전환이 필요하다고 생각한다. 교회를 중심으로 지역사회의 공동체가 이루어지도록 하는 것은 물론이며 축제를 통해 다양한 부가가치(附加價値)를 창출할 수 있도록 해야 한다.

교회행사는 몇 명의 인원을 참석시켰다는 것보다는 좀더 넓고 장기적인 계획을 가져야 한다고 본다. 교회 행사를 하기 전에 철저한 사전조사가 필요하고 축제에 참여하는 지역주민들에게 무엇을 채워 줄 것인가에 대한 고민과 토론이 이루어져야 한다는 것이다.

교회 축제를 '전도 상품화'하는 방안도 검토해 보아야 한다. 교회행사의 기획자와 지역주민, 교인들이 공동으로 참여하고 영혼 구원이라는 목표를 향해 잠재적인 교인들에 대한 관심을 확대해 나가야 할 것이다.

3. 나눔은 축제다

양극화 현상에 대한 극복 대안 제시하라
나눔이 확산-순환될 수 있는 장치 마련해야

날씨가 추워지고 있다. 수은주가 뚝 떨어지면서, 걱정되는 것은 어려운 이웃들이다. 어려운 사람들은 옷가지, 겨울철 난방과 함께 우선 먹을 것이 큰일이다. 추운 겨울을 따뜻하게 보내도록 교회와 지역사회가 함께 나서서 얼어붙은 마음을 녹이는 작업이 먼저다. 독거노인, 소년소녀가장, 결식아동 등 사회적 약자라고 할 수 있는 사람들이 건강하고 밝게 살아가도록 우리의 마음을 모아야 하겠다.

교회는 나눔 운동이 확산되고 순환되도록 하는 장치와 여건을 마련해야 한다. 교회가 어려운 이웃들의 소중한 친구가 되어주어야 한다. 어려운 상황을 이해하며 아픔을 함께 할 수 있는 '얼굴없는 천사'가 되는 것이 어떨까? 예수님의 따뜻한 마음을 이웃에게 전해야 하며, 우리 사회 곳곳에 어려움과 실의에 빠져 실망하는 사람들을 도와야 하기 때문이다.

사실 법적으로 보호 장치가 마련되어 있는 국민기초생활대상자나 사회안전망에 걸려 있는 사람들은 그나마 형편이 낫다. 중요한 것은 사회적 안전망에서 구멍 뚫린 사람들을 찾아내는 작업이다. "등잔 밑이 어둡다."라는 속담처럼, 교회의 가장 가까운 곳이나 우리 주변에 있는 사람들이 의외로 어려움에 처해 있을 수 있다. 자존심 때문에 자신의 어려움을 드러내지 못하고 있는 '비노출 빈곤층'에 대해 관심을 가져야 할 것이다.

교회는 도움을 필요로 하는 사람들의 자존심이나 명예를 건드려서는 안 된다. 조그마한 도움으로, 오히려 큰 상처를 남기는 경우를 흔히 보았기 때문이다. 어떤 자치단체처럼, 저소득 주민들이 필요한 쌀을 자유롭게 퍼갈 수 있는 소위 '사랑나눔 쌀 항아리'를 만드는 것도 좋을 듯 하다. 왜냐하면 쌀이 없어 밥을 해 먹지 못하는 사람들에게 상처를 주지 않으면서, 그들을 도울 수 있는 방법이기 때문이다.

교회가 양극화 현상을 극복하기 위한 대안을 제시해야 한다. 힘들고 어려운 사람들을 실질적으로 도와야 하는 것이다. 분배 지표를 나타내는 '지니 지수'를 보면, 우리나라의 빈곤과 불평등 수준이 외환위기 이전수준이라는 통계가 있다. 빈

곤과 분배상황이 심각할수록 빈곤층을 돌봐야 하는 사회안전
망의 확충이나 교회의 역할이 더 증가하게 된다.

　한편 기독교계는 사랑 나눔이 우리 사회에 확산되도록 하
는 장치를 마련해야 한다. 나눔의 정신이 우리 사회 곳곳에
퍼져 그야말로 페스티벌(festival)이 되는 기쁨이 되도록 해야
할 것이다.

4. 토요휴무를 교회축제로 승화시켜라

> 토요휴무는 교회에 커다란 기회가 될 수 있어
> 교회마다 화려한 토요프로그램 마련이 절실하다

우리 사회에 본격적인 주5일근무제와 학생들의 토요휴무가 실시되고 있다. 2005년 3월 넷째 주 토요일에는 전국적으로 1만701개의 초·중·고등학교가 처음으로 토요휴무를 하기도 했다. 이는 학생들이 자유롭게 영화감상, 독서, 체력단련이나 여행 등 취미를 살릴 수 있는 긍정적인 측면도 있지만, 자칫 학생들에게 일탈(逸脫)을 불러올 수 있는 부작용도 있는 것이다. 특히 신앙에 있어서 주5일근무제와 학교의 토요휴무는 교회에 부정적인 영향을 미치고 있다는 것이다. 실제로 어떤 설문응답에 의하면 57%의 목회자가 이처럼 답변하고 있는 것을 볼 수 있다(CBS 설문조사, 2004년)

그러나 나는 이와는 다르게 생각한다. 오히려 주5일 근무와 학생들의 토요휴무는 한국교회에 커다란 '기회(機會)'가 될 수 있다고 본다.

왜냐하면, 그동안 교회 건물 안에서 행해진 예배와 친교가 교회건물을 뛰어넘어 행해질 수 있고, 신앙교육과 사회봉사 역시 입체적으로 전개할 수 있기 때문이다.

교회가 산과 바다를 향해 나가 자연을 체험하며 예배를 드리고 성도들 간에 실제적인 친교를 쌓을 수 있는 기회가 될 수 있다. 자연과의 접촉을 통해 하나님의 창조질서를 음미할 수도 있으니, 그야말로 토요휴무는 교회의 프로그램에 따라서는 오히려 '교회축제'로 승화시킬 수 있는 것이다.

또 주5일근무제는 기독교의 질적 성장을 가져올 수 있는 기회가 될 수 있다. 휴무토요일에 성서를 체계적으로 공부하거나, 환경이나 문화 등에 대한 특별강의를 들을 수 있고, 도시와 농촌교회 간의 결연을 통해 다양한 프로그램도 운영될 수 있다.

한편 교회는 사회적 소외계층에 대한 관심도 잊어서는 안된다. 저소득 맞벌이 부부 자녀들을 위한 프로그램을 마련해야 할 것이며, 사회복지기관과 연계된 각종 봉사활동도 전개해야 한다고 생각한다.

주5일근무제는 성도들이 '머리'로만 외치던 사회봉사를 '가슴'으로 느끼고 체험할 수 있는 기회가 될 것이다. 예수님의

삶을 실천해 볼 수 있는 더할 수 없는 시간이 될 수 있으며, 교회가 교회 내의 활동에만 머무르지 않고 사회적인 문제에도 관심을 가질 수 있게 된다는 것이다. 또한 성도 개인의 입장에서는 현대생활에 누적된 피로와 스트레스를 해소하여 삶의 활력을 얻을 수 있는 시간도 될 것이다.

지역사회에서 교회는 선도적인 역할을 담당해야 한다고 생각한다. 토요휴무일에 학생들이 일탈하거나 불건전하게 생활을 하지 않도록 교회와 학교, 그리고 지역사회가 연대하여 각종 프로그램을 펼쳐야 한다.

이제 주5일근무제에 따른 관건은 교회가 얼마나 준비하고 다양한 프로그램을 제시하느냐에 달려 있다고 본다.

제6장 "복지"에 생명력을 불어넣다

1. 교회는 복지센터

> 사회적 약자에 대해 몸을 낮춰 섬겨라
> 주민복지를 실천하는 공간으로 거듭나야

추운 겨울이 다가오고 있다. 많은 사람들은 흰 눈을 기다리며 낭만과 추억을 기대하지만 어려운 이웃들에게는 시름과 한숨이 늘어나는 계절이 아닐 수가 없다. 기초생활이 버거운 사람들, 노인, 실업자, 장애인, 저소득 가정 등 어려운 이웃에 대한 관심을 더욱 확대해 나가야 할 때인 것 같다. 그런 의미에서 교회마다 요즘 다음해 예산을 계획하고 심의하느라 분주한데 이들에 대한 배려가 확대 되어야 한다고 본다.

교회는 가난한 고아와 과부, 나그네에 대한 섬김과 나눔의 역할을 충분히 감당해야 한다. 예수 그리스도가 그들에게 관심을 갖고 사랑을 실천하셨듯이 교회가 구제사업 예산과 복지계획을 늘려나가야 한다. 교회의 형편과 처지에 따라 예산 배정을 달리 할 수 있겠지만 우선적으로 사회구제와 봉사활동, 선교 활동비를 증액해 나가야 할 것이다.

사회복지는 특정 몇몇 교회만이 담당하기에는 사실 어렵다. 여러 단체가 연합하여 복지수요자들의 욕구를 충족시키고 그들에게 적합한 복지서비스를 행해야 한다. 이를 위해 나는 교회가 시·군·구 등 지방자치단체와의 연계를 통해 사회복지를 실천하고 지역을 선교하는 복지서비스 전달체계를 갖추어야 한다고 생각한다.

지방자치단체가 교회와 연결되어야 하는 이유는 자치단체 역할이 '지역주민의 복리증진'에 있기 때문이다(헌법 제117조①항). 그래서 헌법에서 명시한 지방자치단체의 사무를 교회가 함께 연대하여 추진하게 된다면 교회의 입장에서는 일석삼조(一石三鳥)의 효과를 낼 수 있다고 본다.

첫째는 가난한 고아와 과부 등 사회적 약자계층에 대한 섬김을 원활하게 할 수 있고 둘째는 지역자치단체와의 연계를 통해 해당 지역 교회에 대한 긍정적인 이미지를 제고할 수 있을 것이며 셋째는 효율적인 지역 선교로 예수님의 지상명령을 실천할 수 있다.

또 교회-사회복지 NGO-기업의 협력사업을 확대해 나가야 한다. 교회가 구제사업을 하는데 서로 협력하여 복지수요자에게 도움을 주는 형태인 '연합사역 모델'로 바꾸어 나가

야 한다. 수익을 남긴 기업이 건전한 사회복지 NGO와 연계
하여 교회에서 발굴한 사회적 약자계층을 돕고 노인·장애인
에 대한 지원을 확대해 나가야 할 것이다.

따라서 기독교계는 교회가 서로 연합하여 사회복지를 실천
할 수 있는 모델을 개발해 나가야 하고 기독교 대학이나 교
육기관에서는 사회복지 마인드를 가진 교역자를 양성할 수
있도록 교과과정을 개편해 나가야 한다. 그래서 교회가 예배,
찬양, 기도, 전도 등과 병행하여 지역주민복지를 실천하는 공
간인 '선교복지 문화센터'로 거듭나야 한다고 본다.

2. 복지 네트워크가 필요하다

지역사회 복지안전망의 연계와 조정이 중요하다
교회는 정책의 틈새를 메워주는 역할을 감당해야

우리 사회에 복지(福祉)의 바람이 불고 있지만 독거노인, 소년소녀가장, 장애인, 모자가정 등 도움을 필요로 하는 사람들은 줄어들지 않고 있다. 봉사활동의 요란한 목소리와는 달리 아직 우리 사회 곳곳에는 복지 사각지대가 여전히 존재하며 그 틈새와 구멍도 남아 있다. 경제적인 고통에서 신음하는 사람들, 도움과 치료를 필요로 하는 사람들의 절규가 계속되고 있는 것이다.

교회는 이런 사회적 약자들을 위한 봉사활동에 참여하며 그리스도의 사랑을 실천하고 있다. 그러나 지역사회와 교회, 각종 봉사기관 등과의 협력은 아직 미흡한 실정이다. 따라서 각종 봉사활동 기관과 지역사회 복지안전망이 서로 연계하여 조정과 통합의 역할이 확대되어야 한다고 본다. 이 점에서 교회 봉사활동이 좀더 체계화되어야 하며 개별 교회가 각기 가진 재원을 발굴하고 공급하는 네트워크 구성을 제안하고 싶다.

네트워크(network)란, 바다의 그물코처럼 상호 간 연락·연계를 통해 일정한 활동을 도모하는 것이라 할 수 있다. 그래서 교회가 이웃에 대한 관심을 확대한다는 측면에서 복지에 공유된 목적을 이루어 나가야 할 것이다. 특히 교회가 가진 재원들을 횡적(橫的)으로 구성하여 이웃 간에 네트워크를 형성해 간다면 상당한 효과를 거둘 수 있을 것이다.

현재 개인이나 개별교회의 나눔의 실천운동이 복지네트워크를 통한다면 더욱 상승효과를 가져올 수 있을 것이다. 그리고 이런 봉사활동이 지속될 수 있을 것이며 복지 전달도 원활해질 수 있을 것이다.

지역사회복지는 분권화와 지역화와 함께 강조되고 있는 것으로 지역사회에서 교회가 지역복지의 또 다른 주체로 등장할 수 있음을 보여주는 것이다.

우리 사회가 고령화 · 핵가족화됨에 따라 사회·경제적 여건이 크게 변화되고 있어 교회도 이런 변화에 눈높이를 맞추어야 할 것이다. 교회 예산 중 구제사업과 복지사업의 예산을 늘려야 하며 복지비용을 효과적으로 분배하여 사용할 수 있는 네트워크도 필요하다.

네트워크를 만드는 일은 매우 시급해서 한시도 지체해서는 안 된다. 왜냐하면 새로운 빈곤층이 지금 이 순간에도 계속 나타나고 있으며 가족의 해체를 막고 위기의 가정을 구하는 일은 지체할 수 없는 일이기 때문이다.

사실 정부와 지방자치단체에서 제도적인 틀을 통해 전개하는 각종 사회복지정책이 효과를 거두고 있는 것이 사실이지만 정책의 틈새를 교회가 메워주는 역할도 중요하다.

이제 실제적으로 지역 노회 단위로 이런 네트워크를 조직해 보자. 필요한 경우에 2개 노회 이상을 연계하여 조직할 수도 있을 것이다. 시골교회와 도시교회, 개척교회와 대형교회의 구별 없이 모든 교회가 참여하여 복지네트워크를 통해 하나님 나라를 건설해 보자.

3. 복지 예산부터 늘려라

가족해체 등으로 복지의 사각지대가 늘어난다.
사회적인 아픔이 교회예산에 일정액 반영돼야

성탄절 준비와 새해 각종 예산과 사업계획을 세우느라 분주하다. 특히 교회 예산은 목회자의 목회방향은 물론 주요 교회 현안 사업과 연계되기 때문에 그 중요성을 논의하는 것은 매우 의미가 있을 것이다.

교회예산은 사회복지나 구제예산을 상당히 증액해야 한다고 생각한다. 요즘 유난히 생활고로 인해 고통을 당하는 사람들이나 자살하는 사람들이 많다. 이런 사회적인 아픔이 교회예산을 수립하는 데 일정 부분 반영되어야 한다는 것이다.

과거에는 전통적으로 대가족 제도를 유지해 어느 정도 어려움을 가족끼리 도울 수 있어서 복지정책의 사각지대에서 가족들이 서로 위로가 되었다. 그러나 최근에는 부모와 자녀만이 살아가는 핵가족 형태로 변해 가고 있고 모자(母子)와 부자(父子)로만 이루어진 가정들이 증가하고 있는 현실이다.

또 이혼율의 증가로 가족이 해체되고 있는 상황이다. 이런 형편에서 교회는 지역사회의 복지문제를 함께 고민해야 하고 지역사회와 연대해야 할 필요가 있다.

교회는 정부와 자치단체의 복지정책에 지속적인 관심을 갖고 복지예산이 확충될 수 있도록 관심을 기울여 나가야 한다. 전라남도의 통계에 의하면 2002년 말 현재 기초생활보장 수급자와 소년소녀가장아동 등 복지 대상자수가 전체 도민의 24.8%에 이르는 51만 2천 명에 달한다고 한다. 이는 네 명 중 한 명 꼴로 복지를 필요로 하는 사람들이 있다는 말이다.

또 전남의 65세 이상 노인인구도 13.3%로 나타나고 있는데 이는 전국평균치 7.7%보다 두 배 정도 가까운 수치이다.

이렇게 농도인 전남에 복지대상자가 많다는 것은 다른 한편으로 생각하면 농촌교회 재정이 절대적으로 빈약하다는 것을 의미이기도 하다.

그러므로 도시교회를 중심으로 사회복지예산을 확보해 나가야 하며 그 예산의 집행은 지역사회와 연대하거나 농촌에 있는 교회에 배분해서 유용하게 사용되도록 하는 것이 바람직할 것이다.

교회예산 중 구제사업과 사회 복지사업을 확대하는 것은

장기적으로 검토해야 할 사안이다. 그리고 교회의 구제사업을 행함에 있어서 현실적으로 급박한 위치에 놓여 사람들을 찾아내어 그들에게 적절한 도움을 주는 역할이 중요하다.

주먹구구식으로 무작정 도움을 주는 것보다는 지역복지 센터와 연계하거나 구체적인 교회 프로그램을 가지고 접근해야 한다는 것이다.

4. 한센인의 인권과 복지

한센인에 대한 구직, 혼인 등 차별 시정하라
인권과 복지를 실천하는 관련 법률 제정해야

천형이라고 부르는 병이 있다. 이른바 나병(癩病)이라고 부르는 한센병(Hansen's disease)이 그것인데 한센인들이 또다시 설움을 받고 있다. 2005년 10월 25일, 일본 도쿄(東京)지방법원의 판결 때문이다. 소록도 갱생원에 강제 수용됐던 한국 한센인 117명이 일제시대 소록도에 강제 격리되어 받은 피해에 대해 일본 정부를 상대로 보상을 청구한 소송에서 패소했다는 것이다.

그런데 우리는 이를 계기로 한센인의 인권에 대해 생각해 보아야 할 점이 있다. 일제 식민지 시절에 강제로 소록도에 수용되어 강제 노동, 단종 시술을 강요당하는 등 각종 인권

침해 사례가 있었다는 사실과 그럼에도 불구하고 정부와 사회 및 교회가 무관심 했다는 점이다.

그런데 주목할 점은 해방 이후에도 이런 일들이 있었다는 사실이 제기되고 있으며 특히 학살사건 등이 보고 되고 있다는 것이다(1945년 8월 소록도에서 발생한 '84인 학살사건' 등, 국가인권위원회).

나는 2000년부터 '소록도를 사랑하는 사람들의 모임'에서 한센병력자에 대한 각종 인권침해 사례를 지적하고 소록도 한센인에 대한 인권차별 개선노력을 해왔다. 이러한 노력으로 한센인의 치료와 그 과정에서 발생한 인권침해 사례가 부각되기도 하였다.

나는 한센병 정책에 대한 관점이 변해야 한다고 생각한다. 과거의 한센병 정책이 한센병환자를 격리 수용하여 '치료'하는 데 중점을 두었다면 이제는 그들의 인간으로서 존엄과 가치, 행복한 삶을 누릴 권리가 있다는 측면에서 '인권과 복지'가 강조되어야 한다고 본다.

현재 한센병에 대한 잘못된 이해를 시정해야 하고 부모 또는 자신이 한센병력자라는 이유로 구직, 교육, 혼인, 거주를 하는데 부당한 차별이나 제약을 받아서는 안 된다. 우리 사회가 한센인들을 우리의 이웃으로 생각하고 이들에 대한 사회적 차별과 편견을 시정하는 노력이 선행되어야 한다.

한편 일본의 경우 2001년 구마모토(熊本) 지방법원이 나병예방법(1996년 폐지)에 따른 강제 격리 규정을 위헌으로 판결하였다. 그리고 일본 정부는 그해 한센병 보상법을 제정, 자국 한센인에게 1인당 800만~1천400만 엔씩을 보상했다는 사실을 기억해야 할 것이다.

우리 역시 과거 한센병환자의 치료과정에서 강제격리, 불법감금, 단종, 그리고 집단학살 등이 있었다면 이에 대한 철저한 조사를 통해 진상을 밝히고 이를 구제할 수 있는 법률이 마련되어야 한다고 본다. 그래서 한센인들도 하나님께서 내려 주신 생명의 소중함과 자유, 평등의 기본적인 권리를 향유할 수 있도록 해 주어야 할 것이다.

5. 생명존중과 호스피스

> **호스피스에 대한 사회적 관심이 필요하다**
> **생명의 가치를 존중하고 편안한 임종 맞게 해야**

　요즘 소생할 가망이 없는 말기 환자나 고통을 호소하는 사람들이 더 이상 치료를 거부하고 죽음을 선택할 수 있는지에 대한 논의가 한창이다. 자살과 낙태가 늘어나고 유전자 과학이 발달하면서 마치 인간들이 스스로 생명의 시기(始期)와 종기(終期)를 결정하려는 경향까지 보이고 있다. 그런데 이에 대한 교회의 입장은 단호하다. 인간은 생명의 가치에 대해서 자의적(恣意的)인 판단을 할 수 없으며 오로지 하나님만이 생명을 주관하신다는 것이다.

　인간의 '안락사(安樂死)'를 좀더 세분화해 보면 환자의 호소를 받아들여 약물이나 의료 기구로 환자를 죽게 하는 '적극적 안락사'와 의학적으로 회생 가능성이 없는 환자나 가족 등이 생명유지를 위한 진료의 중단이나 퇴원을 요구하는 경우 의사가 이 요구를 받아들이는 '소극적 안락사' 등이 있다.

최근 한 조사에 의하면 우리나라 국민 10명 중 7명이 '소극적 안락사'를 찬성하고 있다는 통계도 있다(한림대 이인영 교수, 2005). 그렇지만 아무리 많은 사람들이 '소극적 안락사'를 긍정해도 기독교계에서는 이를 수용하지 못하고 있으며 나 또한 수용하지 않는 입장이다.

우리나라 법률에서도 안락사를 인정하지 않고 있으며 이를 위반하면 법적인 제재가 가해진다. 예를 들면, 1997년 보라매병원 사건이 대표적이다. 이 사건은 병원 응급실에 실려온 환자를 진료한 결과 치료를 중단하면 사망할 것을 알면서도 보호자의 요청에 따라 의사가 퇴원시킨 사건인데 이 사건은 대법원에서 2004년 6월 '살인방조죄'로 최종적으로 인정하였다.

한편 우리 기독교계에서 관심을 가져야 할 영역은 말기 환자로 죽음을 앞두고 있는 사람들이다. 이들은 보통 고통을 수반하여 정서적으로 피폐한 상태에 놓여 있고 사회적으로도 관심의 대상이 되지 못하고 있는 경우가 많다. 따라서 이들이 당하는 신체적 고통을 완화하고 이들에게 정서적, 사회적, 영적인 접근을 통한 전인적인 서비스가 교계 차원에서 이루어져야 한다고 생각한다.

호스피스(Hospice)란, 죽음을 앞둔 환자에게 평안한 임종을 맞도록 위안과 안락을 베푸는 봉사 활동 또는 그 일을 하는 사람을 말한다. 고통당하는 사람들에게 관심을 기울이셨던 예수님처럼 한국교회가 호스피스 활동에 대한 지속적인 관심이 필요하다. 육신이 병들어 가면서 다가오는 고통, 세상에 대한 집착이나 분노를 모두 신앙으로 승화하며 내세를 위한 준비를 착실히 할 수 있는 작업이 필요한 것이다.

호스피스에 대한 활동은 몇몇 병원이나 민간단체에 의존하는 영역을 넘어서 사회적인 책임으로까지 확대되어야 한다. 따라서 관련 법제의 입법을 통해 호스피스 활동에 대한 제도적인 뒷받침이 마련되어야 하고 교회와 범 기독교계 차원에서도 호스피스 봉사활동에 동참해야 한다고 본다.

제7장 센스 있는 목회가 성공한다

1. 해외여행은 다녀왔나

> 목회자가 생산적인 휴가를 보내도록 배려해야
> 교계 차원에서 목회자의 해외여행을 지원하자

　본격적인 여름휴가가 시작되고 있다. 교회마다 주일학교를 비롯하여 중고등부, 청년회 등 교회기관별로 다양한 프로그램을 준비하여 이번 여름 우리에게 들려줄 하나님의 메시지를 기대하고 있다. 그런데 정작 교회 목회자에 대한 휴가 계획이나 프로그램에 대해서는 관심을 갖고 있지 않은 것 같다.

　휴가는 목회자에게도 지금까지의 심신의 피로를 풀고 새로운 목회를 구상하며 재충전의 기회로 삼을 수 있는 좋은 시간이 된다. 따라서 목회자가 생산적인 휴가 계획을 세울 수 있도록 성도들은 지속적인 관심을 갖고 재정과 시간에 대한 충분한 배려를 하여야 한다고 보며 목회자의 휴가는 어떤 방향으로 전개되어야 하는지 생각해 보기로 한다.

우선 목회자는 휴가기간을 활용하여 국제적인 감각을 제고할 수 있도록 외국의 선진 교회를 견학하거나 유적지를 답사하는 시간을 가져야 한다고 주장하고 싶다.

학생들은 방학기간을 활용하여 세계 선진 도시를 방문하여 많은 것을 보고 느끼며 돌아오고 있으며 이것은 직장인들도 예외는 아니다. 우리 지역의 한 지방자치단체에서도 70여 명의 공무원들이 스웨덴, 독일, 프랑스, 이탈리아, 미국, 캐나다 등에 해외배낭 여행팀을 선정하여 국제적인 감각을 키우고 있다. 대체로 폐쇄적이고 권위적인 근무환경에서 근무하는 공무원들도 해외 배낭여행을 실시하고 있는 상황이며 초등학생부터 대학생에 이르기까지 선진 외국 도시를 방문하고 돌아오는 실정인 것이다.

하물며 각계각층의 사람들이 모인 교회를 이끌고 있는 목회자가 국제적인 감각에 뒤져 있다면 설득력 있는 설교나 교회 행정을 펴나가기 힘들 것이다.

그렇지만 목회자들의 해외여행을 달갑지 않게 바라보는 시각도 있다. 교회 내에 과소비 풍조를 조장한다거나 경건과 검소한 생활을 강조하는 종교인들의 생활과는 거리가 멀다는 시각이 있을 수 있다. 초등학교 학생들까지도 해외에 가서 체험학습을 하고 학교에 과제물을 제출하고 있는 상황인데 목회자들에게 절제된 생활만을 강조하며 틀에 얽매이게 한다면 해외선교에 대한 한국교회의 역할은 더디게 진행될 수밖에 없을 것이다. 따라서 휴가 기간이나 교회 여건에 따라 목회자에게 해외 선진 지역 도시와 문화를 경험하는 기회가 주어져야 한다고 본다.

한편 해외여행의 경비는 교단별 또는 범 기독교계 차원에서 별도의 재정으로 충당해야 하며 희망목회자를 모집하여 지원하는 형식이 바람직할 것으로 생각된다. 그리고 농촌교회나 미 자립 교회의 목회자들에게 우선적인 기회를 주는 방향으로 검토되어야 할 것이다.

2. 문화코드를 이해하라

> '짱'신드롬 등 청소년의 문화코드가 다양하다
> 새로운 형태의 문화코드를 이해하는 자세 중요

　최근 우리 사회에는 '짱(우두머리란 뜻)'이라는 용어가 유행을 타고 있다. 짱은 보통 청소년이나 네티즌들 사이에서 무엇인가를 특히 잘하거나 남들보다 뛰어날 때 쓰는 용어이기도 하다. 얼핏 들으면 싸움을 잘하는 사람에서 붙여진 말처럼 매우 부정적인 이미지를 가진다.

　그렇지만 지난 2002년 대선 때 노무현 후보에게 붙여진 호칭이 '노짱'이기도 했듯이, 요즘에는 보편적으로 쓰이는 용어가 되고 있다. '얼짱', '몸짱' 등 우리 사회에서 일어나고 있는 신드롬이 학교와 직장은 물론 교회 안에서도 폭풍처럼 몰아치고 있다. 그러면 교회에서조차 나타나는 '짱'신드롬을 어떻게 수용하고 변화시켜야 하는지 생각해 보기로 한다.

교회는 현재 무섭게 번지고 있는 '짱'신드롬을 '외모지상주의'로 몰아서 무조건 반대하는 입장을 취하는 것보다는 인터넷이 발달하고 다양한 멀티미디어 시대에 나타난 새로운 표현 형태라고 이해하는 것이 바람직하다고 본다.

그리고 더 나아가서 교회가 '외모'로 평가되는 이 사회를 변화시켜 나가야 한다. 우리 사회에서 가진 돈과 재물 또는 외모로만 '짱'을 평가하기보다는 하나님으로부터 받은 각종 재능과 능력을 가진 사람들에게도 '최고'의 기회를 갖도록 교회가 '짱'신드롬을 변화시켜 나가야 할 것이다.

교회는 이런 '짱'신드롬으로 청소년 문화코드를 수용하는 자세를 가져야 한다는 것이다. 즉, 청소년을 평가할 때 높은 곳에서 낮은 곳으로, 앞에서 뒤로 순위를 매기는 종전의 방식에서 탈피해야 한다. 이제 다양한 측면에서 개인의 특성을 개발하고 가장 낮은 곳에 있는 사람, 맨 뒤에 있는 사람, 가장 평범한 사람에게도 '짱'이라는 호칭을 붙여주자는 것이다. 이것은 어떤 측면에서 보면 예수의 정신과도 일맥상통한다고 볼 수 있다.

예수님은 높은 곳에서 낮은 곳으로 임하셨고 많은 것을 가지기보다는 베풀기를 원하셨던 분이셨듯이 우리도 낮은 곳에 있는 사람, 뒤에 있는 사람, 가지지 못한 사람, 평범한 사람 등 우리 주변에 있는 성도들이 꿋꿋하게 '짱'의 대열에 참여하고 인정받을 수 있도록 하는 자세가 필요하리라 본다. 비록 청소년 중에 공부는 일등을 못해도, 노래, 피아노, 운동, 사회봉사 등 각종 영역에서는 '일등'이나 '최고'로 대접해주는 '짱' 문화가 자리 잡아야 한다는 것이다.

이렇게 '짱' 신드롬을 교회 안에서 새로운 의사전달이나 의사소통 방식으로 이해할 때 교회는 더욱 성숙하고 건전한 문화코드를 제시해 줄 수 있을 것이다.

3. 사모의 눈물을 보았다

> 목회자 그늘에 가린 사모에게 사랑을 안겨주고
> 사모가 건강한 문화활동을 누릴 수 있게 해야

　목회자의 화려한 목회활동 뒤에는 사모(師母: 목사의 부인)가 있다. 목회자의 사모는 목회를 돕는 '조력자'이기도 하지만 가정의 주부로서의 역할도 무시할 수 없는 위치에 있다. 특히 놀라운 사실은 많은 사모들이 신자들에게 모범이 되어야 한다는 책임감 속에 살아가고 있으며 우울증(憂鬱症)이나 스트레스(stress)를 경험하고 있다는 것이다.

　남편인 목회자의 그늘에 가려 마음 고생하는 사모에 대한 관심과 사랑이 필요하다고 생각한다. 우울증이나 스트레스를 경험하고 있는 사모가 있다면 이런 원인을 제공하는 요소에서 벗어날 수 있도록 해야 한다.

사모가 자신의 능력을 개발하고 자신의 건강을 유지할 수 있는 활동과 건전한 문화활동을 누려야 한다고 생각하며 자유롭게 성도들과 어울릴 수 있는 여건도 마련해 주어야 할 것이다.

미 자립 교회의 경우에 '경제적인 어려움'은 가정을 꾸려가는 '사모의 눈물'로 직결될 수 있다. 사모는 목회자가 가정에 쏟지 못한 관심만큼이나 가정의 생존과 자녀교육 등에 더욱 신경을 써야 하며 경제적인 어려움도 혼자서 해결해야 하기 때문이다.

교회 사모들이여!

희망과 용기를 갖기를 바란다. 강물같이 흘린 눈물을 하나님께서 아실 것이며 날마다 부르짖는 음성 역시 기억하고 있다는 것을 잊지 말아야 할 것이다.

그리고 기도와 경건에 매달리고 있지만 스트레스와 우울증에서 벗어나지 못한다면 과감하게 교회와 남편의 도움 그리고 현대의학의 치료를 요청해야 한다. 우울증에서 벗어날 수 있는 전략을 짜서 미래의 가능성에 도전해 보길 바란다. 특히 사모가 사회봉사활동, 경제활동, 취미생활 등에 참여할 수 있는 기회가 있다면 그쪽을 긍정적으로 검토하면 좋겠다.

한국교회는 사모가 교회 밖에서 활동하는 것에 대해 매우 보수적이다. 사모가 사회활동과 취미 여가활동을 하는 모습을 보면 성도들은 차가운 눈길과 온갖 형용할 수 없는 험담을 늘어놓을 수도 있다. 그러나 다른 평범한 사람과 마찬가지로 사모 역시 인간으로서 기본적인 권리인 행복을 추구할 권리가 있다는 것을 주장하고 싶다.

사모 자신의 존엄과 가치를 재발견하고 자신의 능력을 개발하고 발휘할 수 있는 기회를 찾을 수 있으면 좋겠다.

한편 기독교계는 목회자 사모에 대한 관심을 확대하고 목회자의 가정경제, 자녀교육 문제에 대해 세심하게 배려해야 하며 사모가 마음껏 자신의 능력을 개발하며 목회에 조력할 수 있는 장치를 마련해야 할 것이다.

4. 아무도 찾지 않는 목회 자료실

성도들의 눈높이에 맞는 동영상 자료 갖춰라
목회 자료실을 새롭게 꾸미고 문턱을 낮춰야

현대사회를 일컬어 '정보화 사회'라고 하듯이 요즘 각종 정보가 넘쳐흐른다. 이런 정보를 그냥 흘러 보내는 사람도 있지만 이를 수집하고 가공하여 매우 의미 있는 가치를 창조하기도 한다. 특히 목회자에게 있어서 정보와 자료는 설교를 하는데 핵심이 되고 각종 목회활동에도 성공을 좌우할 수 있는 키워드가 되고 있다.

그러면 목회자는 이런 정보를 수집하고 활용할 수 있는 자료실을 갖추고 있는가? 만약 갖추고 있다면 얼마나 의미 있는 정보가 있는지 의문이다.

교회마다 목회 자료실을 갖추고 있고 또 서재 겸 사무실이 있는 곳도 있다. 그런데 내가 여러 교회 목회자실을 방문할 때면 대부분 인터넷 서비스나 비치도서가 턱없이 부족함을 느낀다.

목회자 등과 같이 전문적인 설교와 활동을 하는 사람들에게는 장서가 매우 중요하고 도서를 가치 있게 이용할 수 있는 시스템도 필요하다고 생각한다. 특히 컴퓨터와 멀티미디어를 활용한 교회 교육과 예배가 증가하고 있는 현실을 감안한다면 목회자가 동영상자료를 갖추어 이용하는 것은 매우 시급한 문제다.

그런데 목회자에게 배정되는 예산 중 도서구입이나 자료구입에 쓰이는 예산이 턱없이 적어 목회자의 자료구입 욕구를 충족시켜주기에는 역부족인 것 같다.

얼마 전, 내가 몇몇 목회자를 대상으로 특강을 할 수 있는 기회가 있었는데 거기서 자료를 구입하고 싶어 하는 목회자가 주머니 사정을 살피며 아쉬워하는 광경을 발견할 수 있었다. 교회가 목회자에게 지출하는 도서구입 비용의 부족함을 느끼는 순간이었다. 부디 교회마다 목회 자료실의 자료구입 비용을 늘려 나가길 기대한다.

목회자는 자신의 목회 자료실의 도서를 정비하고 수집된 정보를 통해 부가가치를 창출하는 능력을 키워야 한다고 본다. 교회 도서 중 목양과 교양서적의 구입 비중을 높여야 하고 각종 정책 연구 자료도 해당 연구단체를 통해 협조 받는 방법도 강구해야 할 것이다.

한편 기독교계는 목회자가 최신 자료를 신속하게 제공받고 정보를 공유할 수 있도록 시스템을 구축해야 한다. 목회자를 만족시킬 수 있는 자료실을 확보해야 하고 목회자료 서비스를 효율적으로 이용할 수 있는 방안을 제시해야 할 것이다. 또 기독대학이나 교육기관이 구입희망도서나 멀티미디어자료의 수요를 파악하여 목회자가 필요한 자료를 적시에 이용할 수 있는 장치도 마련하면 좋겠다.

제8장 안정된 목회를 보장하라

1. 목회자에게도 경제위기가 있다

교회재정능력은 목회자의 경제위기로 연결 된다
목회자의 안정된 생활에 관심을 기울여 나가야

서민들이 대책 없이 거리로 몰리고 있고 카드 빚으로 목숨을 끊고 있는 사람들이 늘어나고 있다. 경제적으로 힘든 삶을 견디지 못하여 붕괴되는 가정도 쉽게 찾아볼 수 있다.

빚은 늘어나서 가구 당 약 3천만 원으로 불어났고(2003년 1/4분기 기준), 20대 청년실업 실업자와 실업률은 각각 33만 4천 명, 7.1%를 차지하여 여전히 경제의 심각함을 발견할 수 있다. 이렇게 경제적인 어려움과 아픔 속에서 서민들의 생활이 병들어 가고 있고 이것은 교회 성도들에게도 예외는 아니다. 또한 성도들이 겪는 경제적인 고통은 곧바로 교회의 재정압박과 목회자의 경제 위기로 연결되는 경향이 있다. 더

구나 심각한 것은 미 자립 교회 목회자의 경제적인 위기라고
할 수 있다.

이런 상황에서 경제적 위기에 처한 목회자들을 위한 대책
과 함께 교회의 적절한 역할이 강조되어야 하는데 나는 여기
서 목회자의 경제적인 고통에 대한 국가와 교회의 역할을 살
펴보고자 한다.

첫째, 목회자의 경제적인 위기를 해결하기 위하여 목회자
들을 위한 사회안전망(Social Safety Net)이 마련되어야 한
다. 즉, 사회보험, 공공부조, 긴급구조와 같은 법적 수단들이
빈곤한 목회자에게 확대되어야 한다고 본다. 특히 목회자 차
원에서 해결하기 어려운 빈곤상황은 국가와 지방자치단체가
나서야 한다. 목회자의 빈곤한 경제상황은 국가와 지방자치
단체에서 1차적으로 해결해야 할 몫이다. 그래서 어떻게 하
든지 목회자가 최소한의 인간으로서의 생활이 가능하도록 해
야 할 것이다.

둘째, 경제적인 스트레스로 지쳐있는 목회자들에게 적절한
휴식이 부여될 수 있도록 교회 차원의 배려가 필요하다고 본
다. 얼마 전 내가 어떤 행사에서 만난 목회자의 모습들은 너
무 지쳐있었고 성도들의 경제적인 고통은 목회자의 스트레스
로 메아리쳐 온다는 것을 알았다. 따라서 목회자가 일상생활
에서 벗어나서 재충전을 할 수 있는 휴식의 시간이 필요하
다. 그리고 단순한 휴식만을 갖게 하는 것보다도 창조적인

생산 활동으로 연결될 수 있는 다양한 프로그램에 참여하는 것도 중요하다.

셋째, 교회나 교계 차원에서 목회자의 안정된 생활에 관심을 기울일 필요가 있다. 왜냐하면 목회자의 경제적인 불안정은 곧바로 성도들의 영적 피폐로 연결될 수 있기 때문이다.

만일 목회자의 영적인 건강성이 담보되지 못한다면 그 교회에 속한 성도들 역시 가정생활의 행복이나 평안 그리고 개인의 성령 충만은 보장될 수 없을 것이다.

따라서 미 자립 교회와 농어촌교회의 목회자들이 경제적인 상황을 개선할 수 있도록 교계 차원의 대책이 마련되기를 바라며, 해당 목회자가 속한 교회에서도 목회자가 안정된 목회를 할 수 있도록 하기 위해서 심각한 고민이 필요할 것이다.

2. 교통사고 보상책

> 교회직무를 수행하다가 발생한 교통사고
> 개인 아닌, 교계 차원의 대책이 강구돼야

교회차량을 이용하거나 다른 성도의 차량을 이용하여 교회에 출석할 때 교통사고가 일어날 때가 있다. 또 목회자가 교회 봉고차를 타고 교인 심방을 가던 중에 교통사고를 당한 경우도 있다. 그리고 며칠 전에는 광주에서 새벽 예배를 드린 뒤 귀가하던 신도들을 태운 교회 승합차끼리 충돌해 신도 3명이 숨진 사고도 있었다. 이처럼 교회출석을 위한 차량을 둘러싼 사고나 목회자의 목회활동 중에 일어난 사고에 대해서 기독교계에서는 어떤 대응을 해야 할까.

교회에서 운행하는 차량은 자동차종합보험의 가입이 필수적이다. 가끔 교회의 재정을 아끼려는 마음에서 보험료를 최소한으로 줄이는 경향이 있는데 이는 별로 합리적이지 않다. 교회에 출석 하다가 일어나는 사고를 포함하여 대부분의 사고는 가해차량의 보험이나 개인적인 별도의 소송을 통해 해결하려는 경향이 있기 때문이다.

교회와 관련된 교통사고의 특징 중의 하나는 보통 목회자들이 직접 또는 간접으로 관여된 경우가 많다는 것이다. 또 교회차량으로 사고를 당한 성도의 경우에는 해당 성도뿐만 아니라 주변 가족들의 이해관계까지 얽혀 문제를 더욱 복잡하게 만들며 심지어는 해당 교회의 존립자체의 문제까지 대두되기도 한다.

교통사고는 손해배상소송을 통해서 해결되기도 한다. 기독교인들에게는 소송이라는 단어 자체가 별로 익숙하지 못하고 더구나 목회자들은 이런 일에 휘말리고 싶어 하지 않는다. 그렇지만 목회자들도 자신들의 권리를 주장하지 않는다면 결코 자신의 권리를 보호받지 못하게 된다는 사실을 알아야 할 것이다.

따라서 교통사고를 당한 목회자는 지체 없이 합리적인 손해배상액을 요구해야 할 것이다. 손해배상액은 입원기간 중의 수입이나 장래에 상실하게 될 수입을 포함하여야 하고 치료비와 위자료를 합한 금액으로 손해배상을 요구해야 한다.

한편 교통사고는 일방의 과실보다는 쌍방과실이 대다수를 차지하고 목회자도 이런 와중에서 본의 아니게 가해자가 될

수 있다. 이때 가해자가 된 목회자에 대한 교계의 관심이 필
요하다. 교통사고에 대한 보상을 모두 보험으로만 해결하도
록 미루는 것은 너무 안일한 생각이다.

교회직무를 수행하다가 목회자가 교통사고의 피해자나 가
해자가 된 경우 이를 해결하기 위한 교회나 기독교계 차원의
대책이 강구되어야 한다. 교통사고에 대한 소송으로 물질적
인 어려움을 겪는 목회자를 도울 수 있는 제도적인 장치를
마련해야 하고 교계가 일정기금을 마련하여 보험으로 대처하
지 못하는 영역의 문제를 해결해야 한다고 본다.

3. 최저임금과 빚 독촉

가난은 신학을 위한 교육비 지출에서 기인
교계 차원의 빚 청산 특별대책팀 가동하라

우리 사회에 절대 빈곤층이 늘어가고 있다고 한다. 소득이 최저생계비에도 못 미치는 절대 빈곤층이 전체가구의 11.5%(2000년 기준)에 이르고 있으며, 절대 빈곤층으로 떨어질 수 있는 차상위(次上位) 계층도 4.8%를 차지하고 있다고 한다. 우리 사회에서 가난의 신음소리를 부르짖는 사람들이 전체가구의 16%가량인 셈이다.

일반 사람들이 이런 처지에 놓여 있을진대, 미 자립 농어촌교회 목회자의 생활은 어느 정도일지 대충 짐작이 간다. 이들 목회자에 대한 정확한 통계는 없지만 상당수의 목회자들이 가난으로 경제생활에 위기를 느끼고 있다고 한다.

절제된 생활을 요구하는 목회환경에서 목회자의 가난이 어찌 해당 목회자의 사치나 개인적인 영달에서 비롯된 것이라고 할 수 있겠는가? 이들 목회자의 가난은 대부분 신학을 위한 교육비 지출이나 신용카드 사용으로 인한 빚이 대부분이고 일부 목회자는 보증채무로 인한 경우도 있다고 한다.

빚을 지게 된 목회자들의 원인을 따지기에 앞서서 교회는 목회자의 가난이나 과도한 빚에 시달리는 목회자들을 구제해야 한다.

우선 교회는 최저생계비(2007년, 4인 가족 기준 한달 120만 원)에 미달하는 소득을 올리는 목회자를 구제해야 한다. 또 목회자에게는 생계비뿐만 아니라 문화생활비와 품위유지비 등도 함께 논의되어야 할 것이다. 특히 일반인들의 임금과는 비교도 되지 못하는 여러 요소가 있겠지만 최저임금법(最低賃金法)에서 규정한 최저임금도 되지 못하는 목회자의 임금은 교단이나 교계 차원에서 해결해야 할 것이다. 2007년에 적용되는 최저임금은 시급 3,480원, 일급(8시간기준) 27,840원이다. 따라서 목회현장에서 이 정도의 목회자의 임금이 지급되지 못하고 있다면 교회나 교계는 이를 조속하게 시정하여야 할 것이다.

또 과도한 빚으로 독촉을 받고 있는 목회자가 있다면 교회나 교계 차원에서 이를 해결할 수 있는 방안을 마련해 주어야 한다. 특히 빚에 쪼들려 빈곤층으로 추락하게 되는 목회자에게 특별한 도움의 손길이 주어져야 하며 일정 기간을 정해 목회자의 빚을 조사하여 이를 해결할 수 있는 특별대책팀을 교계 차원에서 가동하면 좋겠다는 생각이다.

교회마다 경제 환경이 다르겠지만 교회에서 목회자에 대한 배려가 훨씬 강화되어야 할 것이다. 또 도시 대형교회와의 연계를 통해 미 자립 농·어촌 목회자에 대한 지원도 늘려야 할 것이며 교계 차원에서 최저임금제에 대한 검토가 진행되어야 할 것이다.

4. 최저생계비

> 안정된 목회를 위해서는 재정력이 확보돼야
> 목회자들의 '복지인프라' 구축되어야 한다

목회자는 교회에서 특별한 직업적 봉사를 위해 소명을 받은 사람이다. 목회형태는 다양하지만 하나님의 일을 감당하는 성직을 수행하고 있다는 점에서 모든 목회활동은 거의 유사하다. 그래서 목회자는 세상사를 초월하여 마치 경제적인 일상과는 거리가 먼 사람들이라고 생각하는 사람들도 있다. 때로는 목회자들이 빈곤한 생활을 하고 있는 것을 당연하게 생각하는 사람들이 있을지도 모른다.

그렇지만 목회자가 경제적인 압박을 받거나 '최저한의 문화적인 생활'도 누리지 못하는 현실을 방관해서는 안 된다. 보다 성숙되고 안정된 목회를 위해서는 재정적인 능력이 확보되어야 한다고 생각한다.

그런 의미에서 목회자에게 일정 정도의 재정능력을 확보해 주는 작업이 필요하다. 특히 은퇴 교역자와 미 자립 교회 교역자, 농촌 목회현장에서 수고하는 목회자 등에 대해서 교계 차원의 좀 더 많은 관심이 있어야 한다.

나는 여기서 미 자립 교회 등의 목회자의 기본적인 생계비(生計費)의 수준에 대한 논의를 촉구하며 현행 우리나라의 기초생활보장제도를 간단히 살펴보고자 한다.

국민기초생활보장제도는 한마디로 저소득층에 대해서 '국가의 책임'을 매우 강조하고 있는 제도이다. 그래서 생활이 어려운 사람들에게 여러 가지 장치를 마련해 줌으로써 자립하여 자활할 수 있는 서비스를 제공하는 것이다.

이것은 현재 '국민기초생활보장법'에 근거를 두고 시행되고 있는데 일정한 요건(부양의무자 요건, 소득과 재산기준)에 해당하면 생계, 교육, 의료, 주거 등 기본생활을 원칙적으로 보장해 주고 있다.

이제 미 자립 교회 목회자들의 '복지'에 눈을 돌려야 한다. 단순한 생계를 지원하기 위한 대책보다는 이 목회자들이 안정된 목회를 할 수 있는 종합적인 대책이 교계 차원에서 강구되어야 할 것이다.

나는 이런 대책을 세움에 있어서 대형 도시교회들이 앞장서야 한다고 본다. 대형교회와 미 자립 교회에서 나타나는 재정, 교육, 문화, 정보 등의 '불균형' 상태를 도시의 대형 교회가 시정해야 한다.

미 자립 교회의 목회자들의 '복지 인프라'구축을 위해서 도시 교회를 비롯한 전 교계 차원에서 적정한 예산이 편성될 수 있도록 서로 마음을 열어야 할 것이다.

5. 목회자의 정년

> 판례에서 목사의 가동연한은 70세로 보지만
> 개인의 능력이나 건강상태를 고려해야 한다

우리 사회에 '사오정(45세 정년)'이라는 말이 있듯이 많은 직장인이 퇴직의 공포에 떨고 있다. 이는 기독교계도 영향을 미치고 있어 대부분 교단이 목회자의 정년을 줄이는 추세에 있고 그 논의도 매우 활발하다. 그러면 목회자가 건강한 목회를 정리하며 은퇴를 준비해야 하는 시기는 언제일까? 나는 여기서 법원(法院)이 판시한 '가동연한'을 중심으로 목회할 수 있는 나이를 생각해 보기로 한다.

'가동연한(稼動年限)'이란, 사람이 일을 해서 소득을 발생시킬 수 있는 최후 연령이라 할 수 있다. 이것은 소득연한이라고도 하는데 사람이 일정한 직업을 가지고 일을 할 경우에

더 이상 일을 할 수 없다고 인정되는 시점의 나이를 말한다. 주로 법원에서 재판을 할 때 따지는 것이지만 교통사고를 당한 경우에 이 나이를 기준으로 사망이나 장해에 따른 손해배상액을 산정하는 데 척도가 되기도 한다.

그래서 가동연한은 직종에 따라 다른데 예를 들면 다방종업원 35세, 프로야구선수 40세, 술집마담 50세, 미용사·사진사 55세, 그리고 일용근로자나 보험모집인·식품소매업자·개인택시운전사 등은 대부분 60세로 판단하고 있으며 소설가·의사·한의사·약사 등 전문직 종사자는 65세, 또 변호사·법무사는 70세로 보고 있는 것이 판례의 추세다.

우리가 관심을 갖는 '목사'의 경우도 70세를 가동연한으로 보는 것이 판례지만 최근 이러한 추세가 깨뜨려 지고 있다(대법원 1998. 12. 08 선고 98다39114 판결).

목사는 보통 여러 교인들을 상대로 하여 설교와 심방, 기도, 찬양 등 각종 집회를 인도하며 교회 조직을 총괄하는 위치에 있다. 그래서 목회자 개인의 능력이나 건강이 중요하다고 본다. 아무리 교단의 헌법이나 개별 교회에서 따로 목회 정년을 정하고 있다 할지라도 목회자의 은퇴는 개인의 경력이나 건강상태 등을 고려하여 구체적인 사정에 따라 판단해야 한다고 본다.

과거 목회 정년을 몇 년 앞둔 목사님이 유능한 후배 목사를 택하여 담임목사직을 양위한 경우도 있었는데 많은 사람들

에게 신선한 감동을 주기도 하였다. 차제에 우리 사회의 전문
직의 정년에 맞게 목사의 정년을 검토하는 노력이 필요하리라
생각한다.

한편 기독교계는 목회자의 정년 이후의 삶에 대해 관심을
가져야 한다. 은퇴목회자의 노후를 개별교회에 맡겨 놓기보
다는 교계 차원에서 사회보장이 취약한 목회자를 중심으로
실질적인 도움을 줄 수 있는 장치를 마련해야 할 것이다.

6. 은퇴 목회자의 노후

> 목회자의 연금, 건강, 재해, 실직 등 사회보장책 필요
> 은퇴 목회자의 노후 보장할 수 있는 장치 마련하라

우리나라의 인구 구조가 노령화되어 가면서 은퇴 목회자에 대한 문제도 관심의 대상이 되고 있다. 평생 동안 목회 활동을 해 왔던 목회자들은 노후에 대한 뚜렷한 대비가 없이 은퇴하는 경우가 많아 노후보장 대책이 없으며 미 자립 교회나 교회재정이 튼튼하지 못한 곳에서는 더욱 문제가 심각하다. 일부에서는 노후를 보장하는 제도가 있지만 교회마다 각기 다른 기준과 원칙으로 퇴직금과 연금을 지급하다보니 목회자 간에 형평성이 없고 퇴직금을 지급받는 목회자 간에도 '부익부 빈익빈' 현상이 나타나기도 한다.

따라서 목회활동을 하고 은퇴한 목회자에게는 일정한 퇴직

금과 연금이 지급되도록 제도적인 장치를 마련해야 한다. 은퇴 목회자에 대한 노후생활에 대한 보장책을 교계가 제시해야 한다는 것이다.

이를 위해 교계는 목회자들에 대한 퇴직금이나 퇴직연금제도를 통일적이고 체계적으로 마련해야 한다. 우리나라는 근로기준법(제34조)에서 '계속근로연수 1년에 대하여 30일분 이상의 평균임금'을 퇴직금으로서 지급할 수 있는 제도를 마련하고 있다. 또 '퇴직보험 또는 퇴직일시금신탁'제도를 마련하여 퇴직 시에 일시금이나 연금으로 퇴직 근로자가 받도록 하고 있다. 이런 퇴직금 제도가 일정규모 이상의 사업체에 강제적으로 마련되어 시행되고 있음을 감안할 때 우리 교계에도 선진적인 퇴직금 제도를 마련해야 할 것이다. 특히 일부 교파가 아직 퇴직금 제도조차 마련하지 못하고 있는 것은 목회자의 사회보장 차원에서 커다란 문제가 아닐 수 없다.

목회자의 사회보장정책은 목회하는 동안은 물론 은퇴 후에도 계속되어야 한다. 목회활동 기간 중에 목회자가 목회활동에 기인(起因)하거나 목회를 수행하는 동안 재해(災害)를 당한다면, '산업재해보상보험'이나 이와 유사한 보험을 통해 각종 보상을 받을 수 있게 해야 한다. 또 목회자가 일자리를 잃었을 때 실업급여나 최저한의 생활을 보장받을 수 있도록 '고용보험' 혜택이 돌아가게 해야 한다. 또 목회의 현장을 떠나게 되는 은퇴 목회자 역시 노후에 연금을 통해서 의미 있는 노후생활을 할 수 있도록 '연금제도'가 마련되고 건강검진을 포함한 의료혜택을 받을 수 있는 '건강보험'도 필수적인 장치인 것이다.

따라서 교회 목회자가 국민연금, 건강보험, 산업재해보상보험, 고용보험 등 4대 사회보험에 가입하는 것은 당연하다. 만일 아직까지도 4대 사회보험에 가입조차 되어있지 않은 목회자가 있다면 각지 교회나 교계의 부담으로 이를 해결해야 할 것이다.

7. 목회자의 퇴직금

> 퇴직금제도는 비정규 교회행정인력까지 확대돼야
> 교계 전체를 연계한 퇴직금의 통합시스템이 도입

퇴직금 제도가 일부 교파에서 이미 시행 중인 곳도 있지만 대부분의 목회자들에게는 그림의 떡이나 다름없는 것으로 되어 있다. 하물며 교회 교육전도사 등 비전임 목회자들은 말할 나위도 없이 퇴직금을 받지 못하는 열악한 상황에 놓여있다. 나는 교회의 비전임 목회자들까지 퇴직금 제도가 적용될 수 있도록 교회 내의 적절한 대비가 있어야 함을 강조하며 교계의 퇴직금 제도에 대한 몇 가지 제언을 하고자 한다.

첫째, 퇴직금을 받을 수 있는 인적 범위를 교회의 전임목회자 뿐만 아니라 비전임 목회자와 비정규 교회 행정 인력까지 확대하여야 한다고 본다. 계약제나 임시직으로 봉사하는 상당수의 비전임 목회자, 교회 차를 운행하는 기사, 교회행정 인력 등에게도 적용되어야 한다는 것이다.

둘째, 퇴직금의 통합연계 시스템을 도입해야 한다고 본다. 예를 들면 교육전도사나 교육목사가 한 목회지에서 봉사하다 가 다른 목회지로 장소를 옮길 때 퇴직금을 받을 수 있는 장치가 마련되어야 한다.

다시 말하면 교회가 매년 일정한 금액을 퇴직금으로 적립 해 주고 교회를 다른 곳으로 이동할 때에도 전직 교회의 목 회경력을 인정하여 이를 통합 관리해 주어야 한다는 것이고 이를 위해 교파나 교계 전체를 한 단위로 하여 퇴직금의 운 영방식을 체계화해야 한다는 얘기다.

셋째, 교회에서 책임져야 할 경제적 부담에 대해서는 시각 을 달리해야 한다고 본다.

그동안 교회가 건물이나 설비를 경쟁적으로 갖추는 데 관 심을 기울였다면 앞으로는 교회가 내실을 기하고 비전임 목 회자를 포함한 교회행정인력의 복지에 관심을 기울여야 한다.

그래서 교회 예산 중 교회 건물의 운영이나 설비를 갖추는 데 들어가는 예산을 동결 또는 축소하고 비전임 목회자나 교 회행정인력 등의 복지를 개선한다면 큰 부담을 덜 수 있을 것이다. 이는 교회 내에서부터 복지에 관심을 기울이는 복지 마인드를 형성해 나가는 데 크게 기여할 것으로 생각된다.

한편 농어촌 교회와 미 자립 교회에서는 예산이 절대적으로 부족한 상황이므로 해당 교회의 부담이 최소화될 수 있도록 하는 별도의 대책이 마련되어야 할 것이다.

다만 퇴직금 제도가 교회의 경제적 부담을 추가하여 갈등 관계를 조장할 우려도 있으므로 이를 도입함에 있어 교회연합체가 나서서 그 필요성을 공감할 수 있는 홍보를 하는 것이 필요하다고 본다.

제9장 교회학교 교육은 예술이다

1. 맞춤형 교육

천편일률적인 교육과정 속에 묶어 놓아선 안돼
사회변화와 개인의 처지에 맞는 교회교육 필요

　새봄이 되어 산과 들에는 아름다운 꽃들이 가득하고 우리 교회에도 활기가 넘쳐나는 것을 느낄 수 있다. 봄을 맞는 교회학교도 나름대로의 교육과정에 따라 다양한 교육 프로그램을 준비하며 분주하게 움직이고 있다.

　그렇지만 이런 분주함 속에서 교회는 시대의 변화와 욕구를 적극적으로 수용하지 못하고 있으며 종전의 틀에서 벗어나지 못하고 있다는 생각이 든다.

　대학생들은 취업문이 축소되어 취업할 용기마저 상실되어 가고 있고 '졸업＝실업'이라는 등식을 놓고 '졸업 공포증'에도 시달리고 있는 형편이다. 그리고 중고교생들은 여전히

'일등'만을 고집하는 교육풍토 속에서 개성이 상실되어 가고
있고 짜여진 교육의 틀 속에서 자신들의 고민조차 속 시원히
털어놓을 곳이 없다.

이런 상황에서 기독교 교육의 내용과 질이 변화되어야 한
다고 생각하며 사회의 변화에 맞게 기독교 교육 과정이 개선
돼야 한다고 본다.

교회 학교의 교육은 개인의 교육적 특성을 고려하여 학생
의 특성에 맞는 교육을 펼쳐 나가야 한다. 학생이 교회에 출
석한 횟수나 신앙의 정도, 가정의 기독문화의 정도와 정서가
각기 다름에도 불구하고 천편일률적인 교육과정 속에 묶어
놓아선 안 된다고 본다.

우리 사회가 갈수록 산업화, 분업화, 물질화, 조직화되어 가
고 있는 상황이고 가정마저도 부부를 중심으로 자녀 한두 명
정도를 둔 핵가족으로 변화하며 그 수가 증가하고 있다. 더구
나 한부모 가정(편부 또는 편모와 자녀로 구성된 가정)이 늘
어나고 경제적인 고난을 당하는 가정들이 많아져서 이런 변화
된 사정까지를 염두에 둔 신앙 교육이 행해져야 한다.

교회 교육은 시대의 흐름을 반영하여 신앙을 고백하게 하
고 신앙이 생활 속에서 꽃을 피우도록 만들어 나가는 것이
중요하다. 혹시 가정에 어려움을 당하는 학생이 있다면 그
어려움을 헤쳐 나가며 꿈을 펼칠 수 있는 강인한 인간으로
만들어 나가야 하며 어떤 환경과 역경 속에서도 하나님이 함

께 하신다는 것을 교사가 몸소 행하고 가르쳐야 할 것이다.

교회 학교를 책임지고 있는 교사들의 태도나 마음가짐이 중요하다고 본다. 또 교사가 전문적인 지식을 끊임없이 습득하고 기독교의 정신으로 무장되어야 한다. 교사가 청소년들의 여러 가지 고민과 문제를 해결할 수 있도록 카운슬러 역할에 대한 교육도 지속적으로 행해져야 한다.

그래서 학생이 처한 환경과 처지에 맞게 그들의 신앙을 지도하고 양육하는 '맞춤형 신앙교육'이 이루어지도록 교회 학교의 교육과정을 재편하고 신학대학을 비롯한 학계나 기독교육계에서 좀더 각별한 관심을 가져야 할 것으로 본다.

2. 차별화된 여름캠프

청소년 문제에 대한 치유에 초점
캠프의 안전성 확보가 중요하다

많은 청소년들을 일정한 장소에 모아서 캠프를 열다 보면 항상 문제가 발생하는 것을 볼 수 있다. 또 캠프를 주최하는 측에서 다른 단체와의 차별성만을 부각시키고 '경제적인 논리'에 의해서 캠프를 운영하여 바람직하지 못한 결과를 가져온 경우도 볼 수 있다.

그래서 여름 캠프에서 고려해야 할 내용과 운영에 대한 몇 가지 제언을 하고자 한다.

첫째, 여름 캠프가 다양한 문제에 접근하는 것보다는 청소년들이 가장 현실적으로 고민하는 교우관계, 이성교제, 학교 성적, 가정환경 등에 집중하여 이런 문제의 치유와 회복에 초점이 맞추어지기를 바란다.

청소년 개인의 영적 회복과 상담 프로그램이 확대되어야 하는 것이다. 즉, 많은 학생들을 흥분의 도가니에서 빠지게 하는 것 못지않게 개별 학생에 대한 차분한 상담이 중요한 것이다. 그런데 대부분의 캠프 프로그램에서 이런 상담은 찾아보기 힘들고 아예 관심조차도 없는 듯하다.

이제 전문상담교사나 상담전문가에 의해서 청소년이 개별적으로 고민을 상담 받고 상처를 치유 받을 수 있는 시간이 마련되어야 한다고 본다.

둘째, 청소년 캠프에 안전성(安全性)이 확보되어야 한다. 해마다 여름 행사를 치르는 도중에 불미스러운 소식을 접하게 된다. 대부분 조금만 주의를 기울였다면 방지할 수 있었던 사건들이 발생하기 때문이다. 그래서 무엇보다도 안전이 중요하다는 것을 느낀다.

그러므로 교회의 청소년 부서 담당자는 캠프를 주최하는 단체에 대한 예비조사를 해야 한다. 과거에 안전사고에 노출되었던 곳은 아닌 지 살펴보고 안전성을 최우선적으로 고려해야 한다. 그리고 숙소와 급식의 위생, 보험 가입 여부, 안전 요원의 상주 여부를 체크해야 한다.

셋째, 장기적으로 청소년과 가족을 위한 대규모 기독교 테마 공원과 기독교 문화 공원이 만들어 져야 한다. 기독청소년 캠프 지도자와 상담전문가를 체계적으로 양성해야 한다.

이러한 테마 공원은 청소년 대상 캠프의 단발성 개최에 따른 공백을 채워줄 수 있는 대안이 될 것이다.

　기독교 테마 공원의 형성과 기독청소년 캠프지도자의 양성은 교계 차원에서 논의를 시작해야 하고 차제에 기독청소년의 문화활동을 활성화할 수 있는 방안도 마련해야 할 것이다.

3. 문제해결의 접촉점

청소년 문화의 다양한 흐름을 반영하고
개성을 찾고 미래를 안내하는 캠프 돼야

교회마다 여름성경학교 수련회, 캠프 등 학생들을 위한 다양한 프로그램이 계획되고 있다.

개별적으로 야외 강의를 중심으로 진행하는 교회가 있고 연합수련회에 학생들을 보내 그 프로그램으로 대신하는 교회도 있다. 여름캠프를 통해 학생들은 친구, 선생님과의 의미 있는 만남은 물론 예수와의 친밀한 교제를 갖기도 한다.

여름캠프에서 경험한 공동체 훈련이 오랫동안 우리들의 머릿속에 남는 것은 학교와는 다른 색다른 분위기와 프로그램 때문일 것이고 수련회에 참여하여 '나를 향한 하나님의 계획'을 발견하고자 하는 열망 때문일 것이다.

그런데 최근 수련회는 대체적으로 과거와는 다른 양상을 보이고 있는 것 같다. 교회가 단독으로 수련회를 갖는 형태보다는 교회 연합형태의 수련회를 선호하고 있다.

특히 재정과 교사인력이 부족한 교회에서는 연합 수련회를 선호하고 있고 연합수련회가 거의 모든 프로그램을 운영하기 때문에 개별교회 입장에서는 효율적으로 여름행사를 치를 수 있다.

그런데 이런 연합 수련회에 좀더 많은 지혜가 모아져야 한다고 본다. 우선 프로그램의 내용이 요즘 청소년들의 문화와 흐름을 제대로 반영하고 있는지를 고민해야 할 것이다. 또 많은 학생들을 대상으로 하기 때문에 학생 개개인에 대해 관심이 부족하고 문제해결을 위한 대안 제시가 다소 어려울 수가 있다. 따라서 프로그램의 일부를 개인상담이나 상처를 치유하기 위한 시간으로 만들어 '청소년전문 상담가'를 배치하면 좋을 듯싶다.

한편 청소년들에게 비전과 꿈을 심어줄 수 있는 강사를 선정해야 한다. 강의내용도 매년 반복되는 보편적인 메시지보다는 청소년의 입장에 부합되고 특화된 내용이어야 할 것이다.

또한 설정된 주제에 맞는 강의와 함께 청소년문화의 다양성을 반영하는 내용이 포함되어야 할 것이다. 그래서 청소년들이 자신의 가치를 깨닫고 개성에 따라 미래를 설계하도록 해야 한다.

한편 연합수련회를 개최하는 장소는 청소년들에게 가장 적합한 장소가 되어야 하며 적정 인원을 수용하여 쾌적한 환경에서 교육이 이루어지도록 해야 할 것이다.

또 차량을 타고 이동하는 경우에는 필히 여행자 보험 등에 가입하는 방법도 합리적일 것이다.

4. 영·유아 보육까지 맡나

> 영·유아도 인간으로서 행복추구권이 있다
> 생존과 안전을 위한 복지서비스 제공해야

엽기적이고 반인륜적인 사건이 꼬리에 꼬리를 물고 일어나고 있다.

'아프다'고 우는 생후 7개월 된 아들을 때린 뒤 방치해 숨지게 한 사건, 태어난 지 11개월 된 아들을 '분유 값이 없다.'며 길거리에 버린 사건, '거짓임신'이 들통 나서 동거남에게 버림받을까봐 범행을 했던 사건 등 우리 사회가 병들고 사회윤리가 무너지고 있다.

이는 영아(嬰兒) 부모들의 도덕적 해이도 커다란 문제지만 우리 사회의 전반적인 윤리의 부재, 철학의 빈곤이 위기에 도달해 있다는 증거다. 따라서 가정 내 약자의 위치에 있는 영아와 유아(幼兒)들의 희생을 막고 이들을 하나님의 창조섭리에 따라 보호하고 양육하는 데 힘을 쏟아야 할 것이다.

이를 위해 영·유아의 복지와 권리에 대한 새로운 접근이 시도되어야 한다. 영·유아도 인간으로서의 존엄과 가치를 가지며 이들도 행복한 삶을 추구할 권리가 있는 것이다. 그래서 비록 부모가 재산이 적고 사회적 신분이 낮을지라도 영·유아에게는 평등하고 자유로운 복지서비스가 이루어져야 한다. 즉, 부모의 성별, 연령, 종교, 사회적 출신, 재산, 태어난 곳 등에 따라 어떠한 차별도 받지 않으며 보호 받고 양육 받을 권리가 영·유아에게 있다는 것이다. 영·유아가 부모의 소득에 상관없이 동등하게 보육 서비스를 받는 것은 하나님의 창조섭리에도 합당하며 인간다운 삶을 살아가는 데 필요한 일이다.

나는 영·유아의 보육에 대한 '국가와 사회의 책임'을 지적하고자 한다. 영·유아는 나면서부터 국가와 사회의 구성원이 되며 많은 관심과 사랑 속에서 성장해야 한다. 국가는 적극적인 관점에서 영·유아의 생존과 안전을 보장함은 물론 각종 복지서비스를 제공해야 한다고 본다.

종래 영·유아의 보호와 양육이 주로 '여성과 가족'의 일로만 여겨졌던 시각을 변화시켜 국가가 앞장서서 '국가'의 예산을 투자하고 각종 영·유아 보육 정책을 세워야 한다.

그래서 '분유값'이 없어 아이를 길거리에 버리는 일이 생기지 않도록 빈곤층에 대한 '분유값' 지원 등 보육서비스를 강화해야 하는 것이다. 즉, 부모가 경제적으로 어렵다는 이유로 죽거나 유기(遺棄)되는 일이 없도록 영·유아 아동에 대한 적극적인 복지정책을 '국가'가 펴야 한다.

한편 영·유아에 대한 복지와 보육은 한국교회에서도 관심을 가져야 할 문제이다. 영·유아와 아동은 미래에 우리나라를 이끌 재원이며 한국교회를 세워 나갈 일꾼들이다. 이들 세대가 건강하게 자라야만 우리 사회가 건강해 질 것이다.

한국교회는 영·유아의 보육에 관심을 갖고 어린이가 밝고 건강하게 자랄 수 있도록 어린이 선교전략과 보육문제를 병행하여 논의해야 할 것이다.

5. 교육, 개혁될 수 있나

얼마 전, 대학수학능력시험이 치러졌다. 시험이 치러진 후 우리나라 사교육의 문제점, 수능출제위원의 자격시비, 출제위원 관리책임 등이 제기되고 있는 형편이다. 수험생이 몇 년간 노력한 결과가 단 하루 동안 치러진 시험을 통해서 드러나는데 여러 문제가 제기되고 있는 것이다. 현재 우리 주위를 둘러봐도 사교육이 차지하는 비중은 점점 커져가고 있고 공교육은 상대적으로 개혁의 필요가 더욱 강조되고 있다. 이런 상황에서 기독교는 우리 교육의 현실에서 어떤 역할과 기능을 해야 할까?

우선 우리 사회에 서열화 되어 있는 대학 간의 차별을 없애도록 노력해야 하며 학벌지상주의 구조도 타파해야 한다. 극심한 대학 간의 서열, 서울과 지방 간의 차별 등은 취업에도 그대로 연결되어 출신대학, 성별, 나이, 재산, 출신지역에 대한 차별로 이어지고 있다. 그리고 이런 차별은 개인의 평생 동안은 물론 우리 사회에 고착화될 우려도 있는 것이다. 그러므로 중요하게 다루어 질 것은 출신대학이나 출신지역이 아닌 개인의 능력과 성과가 되어야 할 것이다.

또한 기독교 가치관과 신앙을 강조하는 교육이 되어야 한다. 하나님께서 개인에게 부여한 능력을 개발하고 개인의 창의력을 키우는 교육이 선행되어야 한다. 개별 학생에게 관심을 가져주고 학생을 인간적으로 배려하는 환경이 강조되어야 한다는 것이다.

그런데 사실 이런 창의력을 중심으로 하는 교육이 우리 교육현장에서 받아들이기는 힘든 실정이다. 그래서 이런 문제를 근본적으로 해결하기 위하여 기독교 학교 설립이 점점 확대되면 좋겠다.

한편 현재 설립되어 있는 기독교 학교는 학교 설립 이념에 충실하도록 학교 시스템을 개편해야 한다. 또 교회와 선교단체에서는 단기 해외 선교를 체험할 수 있는 기회를 확대하여 현지인과 접촉할 수 있는 경험을 넓혀 나가야 한다. 그리고 이런 단기 해외 선교로 젊은이들이 각국의 문화와 환경을 접하게 함으로써 세계 선교의 비전과 꿈을 심어주도록 해야 할 것이다.

한편 사회봉사와 도덕적 양심을 갖춘 인성교육이 강화되어야 한다. 현재의 교육은 오로지 다른 사람과의 경쟁을 통한 기능적인 인간만을 양성하는데 치중하고 있는 형편이다. 앞으로는 지·정·의를 갖춘 사람으로서 우리 사회의 부정부패를 개혁하려는 의지를 지닌 사람, 상식이 통하는 일반인을 길러 내야 한다. 그리고 각 사람에게 부여된 소질과 적성을 충분하게 계발할 수 있는 시스템이 갖추어져야 한다.

이런 시스템은 기독교 사상을 바탕으로 형성되어야 하고 교계의 여러 가지 노력들이 기독교 교육에 모아지도록 해야 할 것이다.

제10장 교회에 빨간 불이 켜졌어

1. 출산은 관심 없다

> 출산, '개인' 아닌 '사회' 차원의 해결 노력 중요
> 생명, 인권, 평화, 사랑의 소중함 널리 전파해야

　우리 사회가 저 출산 시대를 맞고 있다. 출산 가능한 여성이 평생 동안 낳을 수 있는 자녀수로 표시되는 '합계출산율'은 지난 2005년에 1.08명으로 OECD 평균(1.6명)에도 미달하고 있으며, 일본(1.32명), 프랑스(1.88명), 미국(2.01명)보다도 낮다. 이는 단순히 인구감소만을 의미하는 것이 아니라 우리 사회와 교회가 지속적으로 발전할 수 있는 가능성에도 암울한 그림자가 되고 있는 것이다. 그래서 교회가 출산율을 높이기 위해 관여하는 것은 커다란 의미가 있다고 본다.

　교회는 출산에 대한 인식을 바꿔나가야 한다. 출산을 '개인'만의 문제가 아닌, '국가와 사회' 공동의 문제로 바라보는

자세가 중요하다. 국가가 여러 정책으로 출산 문제에 적극적
으로 개입해야 할 이유가 여기에 있는 것이다. 그리고 출산
보조금이나 양육비용을 국가에서 부담해 주고 직장과 자녀
양육을 병행할 수 있는 사회적 여건을 조성해야 한다.

그렇지만 이런 양육비용 등의 보조만으로는 출산을 장려하
기에 일정한 한계가 있다고 본다.

교회가 출산율을 높이는 데 기여할 수 있도록 해야 한다.
생명을 중시하고 축복의 선물로 주신 자녀에 대한 소중함을
일깨워 주어야 한다. "생육하고 번성하라."는 하나님의 음성
을 듣게 해야 하고 가정, 부모, 자녀 등의 소중함을 다시 한
번 강조해야 할 때가 되었다.

우리가 공기의 소중함을 모르고 지내듯이 어쩌면 생명을
비롯하여 아버지, 어머니, 오빠, 동생, 아내, 남편 등 가족의
소중함을 잊고 지내고 있는지도 모른다. 생명이 살아 숨쉬고
가족과 이웃이 함께 살아간다는 자체만으로도 얼마나 좋은가.

이제 생명을 위협하는 각종 요소들을 뿌리 뽑는데 동참하
자. 낙태를 비롯하여 폭력, 불화, 성범죄 등을 몰아내고 사랑
과 화목, 건강, 평화 등이 우리 생활에 자리 잡게 해야 한다.

출산의 장려는 소박한 생명 중시 운동부터 시작되어야 하
며 교회와 목회자, 교계지도자들이 이에 앞장서야 한다. 임산
부와 영·유아의 건강관리, 출산장려금, 산모 도우미, 불임 부
부 지원 등의 정책뿐만 아니라 생명-인권 존중 사상이 널리

전파되게 해야 하는 것이다.

한편 기독교계는 하나님께서 부여하신 생명과 인권, 평화, 사랑의 소중함을 널리 알려야 하며 이런 사상이 출산과 연결될 수 있게 해야 한다. 그리고 미숙아(未熟兒)나 선천성 대사 이상아 등 자칫 소외되기 쉬운 아동에 대해 관심을 확대해 나가야 하며 이들을 도울 수 있는 장치를 강구해야 할 것이다.

2. 노령화도 끄떡없어

> 교회, 보육시설 확충에 앞장서고
> 노인들을 위한 복지시설 마련해야

우리나라의 노인인구가 늘어나고 있다. 통계청에 따르면, 전국 247개 시·군·구 중 30개 군에서 지난 2003년에 이미 65세 이상 노인인구의 비중이 20%를 넘어섰다는 것이다. 이대로 나간다면 10년 후부터는 인구가 감소될 것은 뻔한 일이 될 것이고 이것은 교회 성도들의 절대적인 감소로 연결되게 될 것이다. 그래서 노령화 사회의 진전과 절대적인 성도수의 감소에 대한 교회의 대책이 필요하게 되었다.

이제 출산(出産)을 늘려나가기 위하여 정부, 사회, 교회, 가정 모두가 나서야 할 때가 되었다. 즉, 출산을 안정적으로 유지하기 위해서 '국가'가 출산과 육아에 대한 지원책을 내

놓아야 한다. 교회에서 '출산'을 단순한 자연적인 현상이 아닌 하나님의 '지상명령'으로 여기는 태도가 중요할 것이며 우리의 의식 속에 뿌리 박혀 있는 남아선호(男兒選好)사상을 개선하여 양성 평등사상이 우리의 생활에 자리 잡도록 종교 교육을 강화할 필요가 있다.

또 도시 대형교회를 중심으로 출산율을 높이는 데 기여할 수 있도록 교회 내에 보육시설을 설치, 운영하는 것을 적극적으로 검토해야 한다. 보육시설 설치를 확대하여 보육에 대한 직장기혼여성의 걱정거리를 덜어주고 기독교정신에 입각한 영아교육도 실시하여 어린이 선교에 커다란 변화를 가져올 수 있도록 해야 한다.

한편 노령화에 따른 교회의 대책도 절실히 필요하다. 우리나라의 전통적인 효(孝) 개념이 점점 변화되면서 노인이 자식의 '부담'으로 되어 버린 것이 현실이고 부양해야 할 노인인구만 늘어나게 되는 상황에서 교회는 선교방법이나 목회방향을 점검할 필요가 있는 것이다.

우리나라의 노인인구가 14%를 넘게 될 것이라고 예측되는 2019년 이후에는 우리 경제가 복지지출의 증가로 불황에 빠질 수 있다는 견해도 있다. 국가는 많은 재정을 노인복지에 투자하여 노인들이 최소한의 기초생활을 하게 만들고 노인들이 문화적이고 인간다운 삶을 살도록 방향을 제시해야 하기 때문이다. 그런데 이런 모든 책임을 국가에만 맡기지 말고 교회도 한몫을 담당해야 한다.

한국교회에서 노인들을 위한 각종 프로그램을 개발하고 특히 기초적인 노후생활을 하지 못하는 노인들을 위해 노인복지시설 마련을 위한 장기계획도 세워야 할 것이다.

3. 우리끼리만 모이자

교회 네트워크로 정보를 공유하고
이단문제에도 대처할 수 있는 효과 있어

현대사회는 매우 다양화되어 가고 있다. 교회 내에도 다양
한 생각을 가진 사람들이 함께 신앙공동체를 형성해 가고 있
으며 교회의 선교전략을 변화시켜야 한다는 목소리도 높아지
고 있다. 또 한국교회에서 청년과 학생들이 교회를 떠나고
있는 상황이며 성도들의 양적인 성장 역시 정지되거나 감소
하는 경향이 있다고 한다. 이런 상황에서 교회는 좀더 적극
적인 선교전략을 펼칠 필요가 있다고 보며 이런 적극적인 선
교 전략을 구사하기 위한 방법들을 생각해 보기로 한다.

우선 정보화 사회에 걸맞게 교회 간에 네트워크가 형성되
어야 한다고 본다. 현재 개별 교회의 성장에만 초점을 맞추

고 있는 종전의 선교방식을 변화시켜 교회가 서로 연합하는
시스템이 구축되어야 한다는 것이다. 물론 이런 교회 간의
네트워크 형성에는 교파 간의 이해관계가 걸림돌이 될 수 있
을지도 모른다. 그렇지만 교회의 연합운동이 교파를 초월하
여 다양하고 종합적으로 이루어져야 한다는 것이 앞으로의
교회 일치 운동의 흐름이다. 특히 인터넷 매체를 통해 이런
교회연합운동이 전개된다면 각종 신앙정보의 교류는 물론 교
육, 선교, 봉사 등 교회 각 부분의 활동들이 더욱 활성화될
수 있으리라 생각된다.

둘째, 교회를 중심으로 선교 네트워크가 형성되어야 한다.
지역사회의 선교활동은 물론 북한과 중국을 포함한 세계선교
의 협력을 강화하기 위해서 교회와 선교단체가 서로 네트워
크로 연결되어야 한다. 그렇게 된다면 선교의 효율적인 효과
는 물론 최근에 나타나고 있는 이단문제에 대해서도 각종 정
보를 공유하여 상호 대처할 수 있게 될 것이다.

셋째, 사회에 봉사하는 교회 간의 네트워크도 확대되어야
한다. 특히 교회가 사회교육의 장(場)으로 교회건물을 개방한
다면 지역사회에 많은 호응을 얻을 수 있을 것이다. 여기에
는 교회건물 개방에 따른 부작용도 야기될 수 있겠지만 종합
적이고 건설적인 안목에서 교회건물의 개방은 검토되어야 할
것이다. 또 가능하다면 장기적으로 교회에 대학 강좌를 설치
할 수도 있다. 교회에 실용음악이나 청소년 문화 등과 관련

해서 건전한 사회교육 프로그램을 운영하여 주민들의 관심을 유도해야 할 것이다.

이렇게 교회 상호 간의 네트워크를 형성할 때 헌혈 운동이나 나눔 운동, 불우이웃돕기운동 등이 체계적으로 진행될 수 있게 될 것이며 지역 봉사단체와도 서로 연계되어 지역선교 활동이 더욱 구체화될 수 있을 것이다. 그래서 우리 사회를 점점 바람직한 방향으로 변화시킬 수 있는 역동적인 힘이 시너지 효과를 일으킬 수 있을 것이다.

4. 사회복지는 무관심

> 교회, 일대일 자매결연 형식으로 후원하고
> 각종 공공시설에서 장애인 배려해야

　얼마 전, 전기료를 납부하지 못해 단전(斷電)이 된 집에서 살던 장애인 가족들이 밤에 촛불을 켜 놓았다가 불이나 장애인 부부가 숨진 사건이 있었다. 장애인 부부들이 불길을 피하지 못해서 당한 안타까운 일이었다. 이것은 전기세 9만 3천여 원을 납부하지 못해 일어난 상황이었다고 하니 더욱 우리의 마음을 아프게 한다.

　그런데 주위를 돌아보면 이렇게 전기나 수도요금과 같은 우리 생활에 꼭 필수적인 공공요금마저 내지 못하는 사람들이 많은 것을 알 수 있다. 사실 2003년에 전기료 체납으로 단전을 당한 가정이 전년에 비해 45%나 급증했다고 하니

'등잔 밑이 어둡다.'라는 옛 속담이 하나도 틀리지 않는다.

이런 상황에서 교회는 어떤 역할을 해야 할지 생각해 보기로 한다.

첫째, 교회는 장애인, 소년·소녀가장, 노인, 모자(母子) 또는 부자(父子)가정에 대한 지원을 아끼지 말아야 하고 이들 가정과 손을 잡아야 한다. 적어도 교회의 각 기관이 일대일로 연계되어 자매결연 형식의 도움이 있어야 할 것으로 본다. 교회가 자원봉사자를 네트워크로 연결하여 후원하고 봉사해야 한다.

둘째, 장애인과 노인, 아동복지에 대해서 '국가와 지방자치단체'의 역할을 요구해야 한다. 현재 시행되고 있는 장애인복지법, 노인복지법, 아동복지법 등 각종 단행 법률에서 담고 있는 국가의 의무규정들이 현실화되도록 교회가 한목소리를 내야 한다. 현대사회에서는 국가의 역할이 증대하고 있는 상황이고 국민들의 목소리 크기에 따라 국가의 사회복지예산을 비롯한 각종 예산이 증감되기도 한다.

이번에도 정부가 뒤늦게 저소득층과 중증 장애인에 대한 전기요금을 감면할 것이라고 밝히고 있지만 이것도 모두 늦장 복지정책이 아닐 수 없다. 교회가 체계적으로 사회복지를 이해하고 복지수요를 예측했더라면 좀더 일찍 이런 정책의 시행을 유도할 수 있었을 것이다.

셋째, 장애인들의 능력을 개발하고 그들이 세상을 이길 수

있는 신앙적인 믿음과 인내력을 교회가 앞장서서 길러 주어야
한다.

며칠 전, '앞 못 보는 젊은이가 서울 법대에 합격했다.'는
기사가 나왔었다. 장애인 특례입학이긴 해도 얼마나 많은 노
력이 있었겠는가?

거기에는 비장애인과 가족의 헌신적인 도움이 있었다고 한
다. 이럴 때 교회가 앞장서서 이들을 지속적으로 돕는다면 앞
으로 우리 사회에는 계속해서 인간 승리의 모습이 늘어날 것
이다.

교계 지도자들이 앞장서서 장애인에 대한 차별과 편견을
극복하기 위해 노력해야 할 것이고 사회의 각종 시설에서 장
애인을 배려하는 장치가 마련되어야 할 것이다.

5. 기독언론 길들이기인가

최근 교회의 갱신과 개혁을 위한 운동방식을 놓고 찬반 논란이 일고 있다.

교계의 한 목사님이 언론기관에 <그대들은 왜 네거티브 캠페인만을 고집하는가?>라는 글을 기고하면서 논쟁이 더욱 번져 가고 있는 것이다.

교회 개혁에 대한 언론의 보도는 매우 중요하다. 언론의 보도 태도에 따라 여론형성에 많은 영향을 미치기 때문이다. 여기서 나는 교회 갱신과 개혁에 대한 언론이 지녀야 할 보도 태도를 살펴보며 나의 견해를 피력하고자 한다.

첫째, 언론의 보도 태도는 균형 있는 시각과 함께 객관성을 유지해야 한다. 주관적인 감정에 사로잡혀 파괴적인 비난을 쏟아내는 것은 언론의 올바른 태도가 아닌 것이다. 또 한편으로 포지티브(positive)의 운동만을 지나치게 강조하는 것은 인류역사와 세계문화의 관점에서 볼 때 기독교의 집단이기주의로 비춰질 수 있다. 그리고 선교에 방해가 된다는 이유로 교회의 세습 문제나 목회자의 사생활 문제를 제외한 선택적인 사항만을 담론으로 삼는다면 오히려 더 큰 죄악을 싹트게 할 우려가 있는 것이다.

갱신-개혁-변화-참여-분권 등의 화두는 이제 교회 안에서의 문제만이 아닌 우리가 살고 있는 이 시대의 흐름이 되고 있고 건전한 사회운동으로 각 영역에 활발하게 퍼져나가고 있다. 따라서 기독 매체의 다양한 운동들을 수용해 줄 수 있는 마음이 필요하고 그것이 네거티브(negative)의 운동으로 선교 방해의 요소가 있다 할지라도 넓은 아량이 필요하다고 본다.

둘째, 교회개혁운동에는 실제적인 이익이나 성과가 있어야 한다고 주장하는 이들이 있다. 그런데 이런 주장은 자칫 교회개혁운동의 건전성을 해칠 수 있다는 점을 지적하고 싶다.

시민운동을 비롯한 교회의 개혁운동은 일정한 성과를 얻는 것도 중요하지만 정작 개혁운동의 과정 속에서 여론을 환기시키고 사회를 선도하며 선지자적인 부르짖음을 통해 대중들의 깊은 잠을 깨우는 역할에 더욱 가치가 있다.

예수께서 행하신 사역의 모습을 보면 오히려 눈에 보이는 실리보다는 현실적인 이득은 없지만 잘못된 구습과 관행을 과감하게 지적하며 손을 내저으셨던 것을 볼 수 있다.

교회개혁 운동에 대한 성과 유무는 단기간에 평가하기에는 이르다. 먼 훗날 다음 세대에서 냉정하게 평가될 것이다. 지금은 더딜지라도 예수님이 그리하셨듯이 교회 갱신과 개혁에 힘을 쏟아야 할 것이다.

차제에 교회개혁 운동을 펼치는 단체들과 언론매체들이 활성화되기를 바란다. 그리고 이런 단체나 언론매체들은 그 특성상 박수보다는 돌팔매가 더 많이 있을 수 있으며 이들의 역할이 교회와 교계의 감시와 견제라는 사실도 기억해야 할 것이다.

제11장 평화의 창문을 열라

1. 평화의 창문 열 수 있나?

낙태, 환경파괴 등 평화 저해 요소 많아
세상을 향해 평화와 인권의 창문 열어야

광주에 통일과 평화, 민주와 인권의 물결이 넘실대며 도시가 한껏 부풀어 오르고 있다.

6·15 민족통일대축전이 지난 2006년 6월 14일 개막되었고, 15일에는 김대중 전 대통령과 고르바초프 전 소련대통령 등이 참석하는 노벨평화상 수상자회의가 열려 평화에 대한 희망을 나누는 계기가 되고 있다.

평화(平和)와 인권(人權), 민주(民主) 등은 우리 기독교인들이 추구해야 할 가치라고 볼 수 있다. 어느 사회나 평화는 삶의 기본 조건이었고 인권 역시 하나님께서 우리 인간에게 부여해 주신 소중한 권리다. 예수께서도 우리 인간들이 서로 평안을 누리며 "샬롬"하라는 말씀을 하고 계신다.

인권(Human Rights)은 누구나 태어나면서부터 가지고 있는 생명·자유·평등에 관한 기본적인 권리다. 그래서 아동, 노인, 실업자, 이혼녀 등 어느 사람이나 인권이 보장되어야 하고 이러한 인권을 침해해서는 안 된다.

기독교계는 인간이 예수 그리스도 안에서 자유를 누리며 인간의 창조적인 능력과 지혜를 가꾸어 나갈 수 있도록 노력해야 한다. 그리고 우리 지역사회 안에서 민주, 인권, 평화의 가치들이 숨쉴 수 있도록 해야 하며 가능하다면 성서에 내재된 이러한 가치들을 표현하고 상상력을 펼칠 수 있는 공간을 조성해 봄직도 하다. 교회 내의 작은 공간에 예수께서 강조하신 평화와 인권의 정신을 시각적으로 표현하고 이를 평화예술로서 승화할 수 있도록 한다면 얼마나 좋을까.

이제 교회가 '세상을 향한 평화와 인권의 창'을 열어야 한다고 본다. 우리 지역에 민주와 평화와 인권의 물결이 넘쳐나고 있는데 교회는 그저 바라보고만 있을 것인가?

나는 교회도 평화와 인권의 성서적인 해석을 통해 기독교의 가치이념을 세상에 전파해야 한다고 생각한다. 그래서 우리 사회에 만연된 타락된 성문화(性文化)를 비롯하여, 낙태, 환경오염, 무질서 등 온갖 평화를 깨뜨리는 요소들을 제거해 나가야 한다고 생각한다.

나는 기회가 있을 때마다 '가정폭력'이나 '직장 내 성희

롱' 등 사회의 평안을 깨뜨리는 요소들을 제거해야 한다고
강의하곤 한다. 그런데 이런 강의를 할 때면 인권을 침해당
한 사람마저도 아직 자신이 누릴 수 있는 '권리'를 알지 못
하고 있는 안타까운 현실을 발견하게 된다. 하나님께서 우리
모두에게 주신 인권을 보장받고 자신의 권리를 신장할 수 있
는 방법들을 교계 차원에서 연구하고 그 대안을 제시해야 할
것이다.

2. 병역을 거부한다고?

대체복무제, 아직은 시기상조이나
건강하고 유연한 연구는 필요

지난 2004년 법원이 종교적인 이유로 병역을 거부한 양심적 병역 거부자 3명에 대해 그동안의 판례를 깨고 처음으로 '무죄(無罪)'를 선고했다. 이것은 남북이 대처하는 특수한 상황에서 '양심적 병역거부자'에 대해서 단호하게 처벌해 왔던 것과는 아주 대조적이어서 충격으로 받아들여지고 있다. 우리 법원 역시 종교 교리와 양심을 내세워 병역의무를 거부하는 것은 인정하지 않았던 것이 보통이었기 때문이다.

양심적 병역 거부자들은 '정당한 사유 없이 입영을 거부'했다는 이유로 병역법 제 88조 1항에 따라 '3년 이하의 징역'에 처하도록 되어 있다. 우리나라는 현재 건국 이후에 양

심의 자유를 부르짖으며 병역을 거부한 사람들이 1만여 명이
나 된다.

이번 양심적 병역 거부자에 대해서 무죄를 선고한 법원의
판결에 대하여 우리 사회에서는 찬성과 반성의 목소리를 내
고 있는데 기독교계에서의 반응은 대체로 부정적이다.

그 이유는 우리의 분단 현실에서 특정 집단의 사람에게만
군복무 특혜를 준다는 것은 정서상 맞지 않고 국법질서로서
국방의무를 충실히 이행해야 하기 때문이다. 특히 이단종교
인 특정종교집단에서 이런 일을 주도하고 있어 더욱 우려하
는 사람도 있다.

나 역시 개인적으로 '양심적 병역거부'는 인정할 수 없는
입장이다. 왜냐하면 양심적 병역거부를 인정하기에는 아직
우리 사회가 성숙되어 있지 않고 또 집총거부를 인정할 것인
가에 대한 판단은 우리나라의 국방부뿐만 아니라 그 이외의
여러 가지 사정을 종합적으로 검토하여 결정되어야 하기 때
문이다.

그렇지만 외국의 경우에는 '양심적 집총거부자'에 대해서
별도의 프로그램을 마련하여 시행하고 있는 나라들이 있다.
집총거부자들은 민간에서 대체봉사를 하든지 또는 군대 내에
서 비무장 복무를 하게 한다. 독일, 덴마크, 프랑스, 오스트
리아, 이탈리아, 스페인 등에서 헌법과 하위법률에 따라 대체
복무를 허용하고 있다. 대체복무(代替服務) 내용으로는 환자

수송, 소방업무, 장애인을 위한 봉사, 환경미화, 청소년보호센터 근무, 문화재 유지 및 보호 등의 업무 등이 있으며 그 기간은 현역복무 기간보다 길다.

우리 사회가 유연한 사회로 흘러감에 따라 이런 대체복무를 무한정 거부할 수 없는 상황이 올지도 모른다. 왜냐하면 대체복무를 찬성하는 사람들이 상당수 있고 우리의 국방상황이 개선될 수 있는 상황이 장래에 올 수 있기 때문이다. 그래서 기독교계에서도 대체복무제가 신학대학이나 연구기관에서 연구되기를 기대하고 있다. 또한 '양심의 자유'라는 큰 틀 안에서 양심적 집총거부자의 대체복무를 검토해야 할 것이다.

3. 서민들의 먹구름

> **교회, 서민층을 향한 경제적 섬김 필요**
> **서민층 자녀에 대한 교육기회 개선해야**

서민경제가 붕괴되는 악순환이 계속되면서 서민들은 일자리가 없고 먹고 살기가 어렵다고들 말한다. 더구나 7%의 청년 실업률(2004년 기준)이 계속 높아지고 있어 꿈과 희망을 펼쳐야 할 청년들마저도 어깨가 축 늘어져 있다. 실업률과 물가로 구성되는 지표 중의 하나가 '경제고통지수(misery index)'인데, 이 지표를 보면 서민들이 매우 어려운 경제 환경에 놓여 있는 것을 느낄 수 있다. 지난 2003년 한국의 경제고통지수는 7.0을 기록해 아시아 지역에서 최고의 수준을 나타내었다.

이런 상황에서 장기 청년 실업에 놓여 있는 사람들을 위한 국가정책이 절실하다. 이를테면 6개월 이상 일자리를 구하지 못한 사람을 국가가 관심을 갖고 밀착해서 상담과 훈련하는 정책이 필요하다.

장기실업자와 지도교사가 1:1로 취업이 될 때까지 책임지고 안내하는 제도적인 장치를 마련해야 하는데 여기에는 교회도 실업에 빠져 있는 청년들을 위한 프로그램을 제시하는 데 한몫해야 한다. 지도교사는 주 1회 직업상담과 신앙상담을 겸비하여 구직자의 기호에 맞는 직장을 찾도록 구직자를 위한 신앙훈련이나 직업상담 프로그램을 마련해야 한다. 교회 실정에 맞는 구직자 밀착 프로그램과 함께 구직자의 개인적인 특성이나 기술을 파악해서 적절한 도움을 집중적으로 주는 방식이 필요하다.

또 서민층 자녀들이 교육을 받을 기회조차 잃어가고 있는 상황을 개선해야 한다고 본다.

경제력이 약해서 제대로 교육을 받을 수 없다면 국가가 나서서 서민들의 자녀일지라도 희망하는 학교에 진학하고 적절한 기술을 배울 수 있도록 지원해야 한다. 예를 들면 국가나 지방자치단체에서 예산으로 '쿠폰'을 발행하여 도울 수 있는 장치로써 서민층의 자녀가 희망하는 학교나 사설학원에 이 '쿠폰'을 제시하면 일정액의 학비를 감면하거나 면제해 주도록 하는 장치가 바람직하다.

그리고 한국교회는 서민층을 향해서 경제적 섬김과 사랑을 실천해야 한다고 본다. 예수님이 부유하고 권력을 가진 자에게 관심을 갖기보다는 가난하고 소외된 사람들에게 관심을 가졌듯이 교회도 가난에 허덕이는 서민들을 위한 프로그램을 하루속히 제시해야 하며 사회복지에 대한 관심도 높여가야 할 것이다.

교회가 지역사회와의 관계를 긴밀하게 유지하여 직업이나 경제문제를 현대적인 시각에 맞게 재조명하고 우리에게 부여된 소명의식을 한층 더 강화시켜 나갈 필요가 있으며 신학대학을 비롯한 기독교 교육기관에서도 직업교육에 대한 교과과정을 신설할 필요가 있다고 생각한다.

4. 사회를 통합하라

> 가난한 자들을 품에 안고 눈물 닦아주며
> 지역사회와 함께 사회적 약자 돌봐야 한다

　날마다 가난한 사람들의 한숨 소리는 높아만 간다. 그런데 이상하게도 부자들은 더욱 씀씀이가 커져가고 그들의 재산은 점점 불어만 가고 있다. 우리 사회에서 빈부의 격차가 더욱 커지고 있다는 말일 것이다. 빈부의 격차가 커지면 커질수록 사회는 불안하게 되고 계층 간의 위화감은 더욱 커지게 된다. 이럴 때 교회는 사회를 통합하고 안정시키는 중대한 역할을 담당해야 한다고 본다. 그러면 교회가 담당해야 하는 역할은 무엇일까?

　첫째, 경제적으로 어렵고 사회적으로 험난한 길을 가는 사람들과 교회는 함께 해야 한다. 요즘 중산층이 몰락하면서 가정이 무너지고 범죄가 증가하고 있는데 교회는 사람들의 마음을 따스하게 변화시켜야 한다. 사람들이 가지고 있는 반기업 정서, 투쟁일변도 정서, 희망이 없어 현실을 탈출하려는 정서 등을 새롭게 추슬러야 한다. 타협과 양보를 가르치고 함께 참여하는 참여민주주의도 교육해야 한다.

둘째, 한국교회가 가난한 자들을 품에 안고 함께 눈물을 흘려야 하고 또 한편으로는 흐르는 눈물을 닦아주어야 한다. 그런데 교회는 배부르고 힘 있고 얼굴에 기름이 줄줄 흐르는 사람들에게만 관심을 가지고 있는 것 같다. 그리고 사회의 부정에 대해서는 별로 메시지가 없다. 이는 교회가 사회적 책임을 다하고 있다고 볼 수 없는 모습이다. 그저 교회의 외형 부풀리기에만 혈안이 되어 있고 가난한 자와 눈먼 자를 향한 위로의 메시지는 찾아보기 힘들다.

이제 이웃을 사랑하는 마음을 행동으로 보여야 할 때다. 그리고 작고 낮은 사람들과 함께하는 모습을 교회가 보여 주어야 한다. 빈부 격차 속에서 가난한 사람들의 신음소리에 귀를 기울이는 교회가 얼마나 되는 지 의문스럽다.

셋째, 교회는 사회정의를 외쳐야 한다. 열심히 일한 사람들에게 일한 만큼의 대가가 주어져야 하고 일하고 싶어 하는 사람들에게 일자리가 마련되도록 꾸준히 외쳐야 한다.

지역사회와 네트워크를 형성해서 사회적 약자를 도울 수 있도록 교회와 지역사회가 손을 맞잡아야 한다. 교회도 어떤

면에서는 서비스를 강화해야 할 때인 것 같다. 직장을 구하는 사람에게 하나님의 뜻을 알려주고 가난에 허덕이는 사람에게 빈곤에서 벗어나는 방법도 알려줘야 하지 않을까? 그리고 정신적인 고통에 시달리는 사람에는 고통에서 탈출하는 길도 제시해 주어야 한다.

한편 교회는 비록 현실이 어렵더라도 사람들이 현실생활 속에서 느끼는 불안한 마음을 위로하여 주고 미래에 대한 불확실성을 조금이라도 개선할 수 있도록 노력해야 한다. 열심히 일하고 정직하게 생활한 사람이 부자가 되고 또 성공할 수 있는 사회가 되도록 교회는 사회통합기능을 수행해야 하는 것이다. 이것이 하나님의 뜻이고 하나님의 정의를 실현하는 것일 것이다.

5. 도덕적 의무감을 느껴요

사회지도층은 '노블리스 오블리제' 실천하고
도시 대형교회는 사회봉사 리더십 발휘해야

　매스 미디어를 통해서 부정비리에 연루된 정치인들의 보도를 접하게 될 때 한편으로는 '돈'의 유력을 실감하기도 하지만 다른 한편으로는 '돈' 때문에 부끄러운 일을 당하는 사람들이 측은하게 느껴질 때가 있다. 정말 부패 공화국이라고도 할 수 있는 이 땅에서 그들이 강한 비판을 받고 있는 것은 사회 지도층으로서 지녀야 할 도덕적인 책임이 보통사람보다 크기 때문일 것이다. 특히 우리 사회의 부정부패에 대해서 교회는 무거운 책임을 느껴야 한다. 교회에서 기독교 정신인 '나눔', '사랑', '희생', '봉사'가 강조되고 있지만 우리 생활의 실천적인 측면에서는 여전히 부족하다.

특히 한국교회에서 경제적인 부(富)를 축적한 교인들과 상대적으로 튼튼한 재정을 갖고 있는 교회들을 향해서 외치고 싶다. 경제적으로 우위에 있는 교인들은 그렇지 않은 일반 성도에 비해서 훨씬 높은 도덕적인 책임을 가지고 있음을…….

높은 학력수준과 비교적 넉넉한 생활을 가지고 있는 성도들은 '노블리스 오블리제(Noblesse Oblige 지도층의 도덕적 의무)'를 느껴야 한다. 그들이 속한 화려한 대형교회 그리고 교계의 지도층도 마찬가지다. 즉, 자신이 누리는 부와 영향력에 걸맞게 '노블리스 오블리제'를 실천해야 한다. 부자들은 일반 신도보다 훨씬 높은 도적적 의무감을 느끼고 '나눔과 봉사'를 실천해야 한다는 말이다.

교계의 지도자들 역시 이런 의무감의 기초 위에서 일반 성도들을 향해 꿈을 말하고 시련을 당당히 극복해야 하는 이유를 가르쳐 주어야 한다. 그리고 경제적인 위기, 가정의 위기 등 각종 위기에 처한 사람들이 시련을 극복할 수 있도록 희망을 제시해 주어야 한다.

한편 도시 대형교회는 사회봉사에 대한 리더십(Servant Leadership)을 발휘해야 한다. 사회를 향한 '나눔'을 더 장기적인 안목에서 설계하고 체계화해야 한다. 교회마다 차이가 있겠지만 현재 교회가 감당하고 있는 사회봉사의 영역을 두 배 이상으로 늘리고 재정과 인원을 확충할 필요가 있다. 그래야만 부정비리로 얼룩진 사회를 향해서 선지자적인 목소리를 낼 수 있을 것이다.

한국교회 중에서도 도시의 대형교회 그리고 도시대형교회 중에서도 비교적 경제적인 부를 누리고 있는 상류계층의 성도들이 도덕적 의무를 다해야 한다. 교회 역시 그들의 역할을 강조해야 한다. 그들의 사회봉사 활동에는 일반 신도에 비해서 훨씬 높고 엄격한 잣대가 주어져야 한다고 본다.

6. 빈곤의 여성화

> 여성, 정리해고의 일순위자로 등장하는 현실
> 빈곤의 벼랑에 놓인 여성을 찾아가 도와야

　빈곤층이 급속도로 확산되고 있다. 그중에서도 여성들이 가구주로 되어 있거나 여성이 실질적인 가장(家長) 역할을 하고 있는 가정을 중심으로 빈곤이 퍼지고 있다.

　여성들은 취업하기가 힘들고 어렵게 취업을 해도 남성에 비해서 아르바이트, 계약직, 임시직 등 비정규 근로자나 저임금으로 취업하는 경우가 많다. 그래서 취업 후에도 고용이 불안하여 정리해고의 일순위자로 등장하고 있는 것이 현실이다.

　이렇게 여성이 취약계층으로 등장해서 빈곤이 더욱 심해지는 이른바 '빈곤의 여성화'가 급속하게 진행되고 있다. 이런 상황에서 기독교계는 그들에게 어떤 방패막이가 되어주며 빈곤층으로 추락하는 여성들을 어떻게 보호해 줄 수 있는지 생각해 보기로 한다.

우선 교회는 '빈곤의 벼랑'에 몰린 여성들을 찾아내야 한다. 교회 공동체 안에서 자신의 처지를 드러내기를 꺼려하며 위기에 처한 여성들에게 다가가야 한다.

교회가 연합하여 이런 처지에 놓인 주부나 미혼여성들을 위한 구제방안을 연구하고 빚에 쫓기는 여성들에게 실질적인 도움을 줄 수 있는 방안을 강구해야 한다. 그래서 현실적으로 급전(急錢)이 필요한 여성들에게 신용으로 대출을 알선해 주는 적극적인 장치를 마련해 주어야 한다. 또 남편의 빚으로 신용불량자 리스트에 오르는 여성들이 대응할 수 있는 방법들을 제시해 주어야 하며 경제적인 고통을 겪으며 노래방이나 찜질방을 전전하는 여성들에게 탈출의 방법을 제시해 주어야 한다. 그런데 이때 해당 교회의 목회자가 직접 나서기는 현실적으로 힘든 경우가 많다.

교계가 법률전문가나 상담자, 경제자문역을 영입하거나 초빙하여 현실적인 도움을 주거나 가정문제를 전담하는 상담소를 설치하여 대처하는 것도 좋을 것이다.

한편 교회가 성도들끼리 서로 돕거나 나눌 수 있는 '나눔 네트워크'를 마련해야 한다고 본다. 빈곤한 사람을 위한 '나눔 네트워크'가 교회 안에서 형성되고 또 이런 네트워크가 지역과 교파를 초월하여 교계 차원에서 구축되어 구체적인 도움을 기다리는 사람들에게 돌아가도록 해야 한다. 그리고 편부 또는 편모로 이루어지는 '한부모가정'을 비롯해서, 결식아동, 독거노인, 장애인, 무료 급식소, 노숙자 쉼터 등에 대한 교계의 관심이 증대되어야 한다.

따라서 교회 재정의 상당부분이 빈곤으로 지쳐있는 사람들에게 사용되어야 한다. 또 교회 내에서 조그마한 관심을 기울인다면 빈곤가정의 보육문제를 일정부분 담당할 수 있을 것이며 특히 만 5세 미만의 아기 또는 장애아를 가진 가정에 대해서는 교회의 적극적인 대처가 필요하다고 본다.

7. 이혼의 증가

이혼위기 부부에게 화해의 길 제시해야
이혼여성에 대한 사회복지도 필요

미스코리아 선으로 연예계에 등장하여 국내 재벌그룹의 J
모씨와 결혼했던 K씨가 이혼을 선언하여 세간의 이목이 집
중되고 있다. 이혼이 쉽게 이루어지고 있는 현실을 보는 것
으로 우리나라에서 하루 840쌍이 결혼하고 398쌍이 이혼하
고 있다는 것이 최근 통계다.

우리나라의 이혼제도를 개괄해 보면 '협의이혼'과 '재판이
혼'제도가 있다. 부부가 협의에 의해서 이혼하는 협의이혼(민
법 제843조)은 법원에서 이혼의사를 확인 받은 뒤 3개월 내
에 확인서를 당사자의 본적지 등의 행정기관에 신고하면 이
혼이 성립된다. 재판이혼은 배우자의 부정(不貞)행위를 포함

하여 여섯 가지의 재판상의 이혼사유에 해당되면 법원이 재판으로 이혼을 허용하게 된다(민법 제840조).

협의이혼과 재판이혼에서 법원에 의한 '조정절차'가 진행되지만 이때 위기에 처한 부부를 위한 적극적인 서비스가 거의 전무한 실정이다.

이 점에 착안하여 나는 기독교계에서 이 조정절차과정의 직전 또는 직후에 치유와 회복의 노력을 기울여야 한다고 본다. 법원의 조정절차와는 별도로 행복한 가정을 만들도록 각종 강의와 실제 훈련이 실시되어야 할 것이며 가정의 현실적인 고민을 해결하는 데 도움을 줄 수 있는 장치가 교계 내에 마련되어야 한다. 우리의 가족 문화를 바꾸어 가려는 노력과 함께 이혼위기에 몰린 부부에게 화해와 치유의 길을 제시해 주어야 한다는 것이다. 그리고 우리 가정 내에 존재하는 물질만능주의·가부장적 권위·이기주의 등을 과감하게 깨뜨리려는 노력이 진행되어야 한다.

한편 현재 너무 고속으로 진행되는 이혼에 속도를 조정할 필요가 있다. 즉 부부가 이혼에 합의하더라도 일정 기간 동안은 이혼하지 못하도록 하는 장치가 필요하다. 이런 의미에서 현재 보건복지부가 추진하고 있는 '이혼 숙려기간'은 환영할 만하다. 부부가 이혼에 합의하더라도 3~6개월 간 정식 이혼을 유예하고 냉각기를 갖도록 하는 것이 필요하다는 것이다.

기독교에서는 다양한 가족형태에도 관심을 가져야 하는데 모자(母子)·부자(父子)로만 구성된 가정을 보살피려는 노력도 게을리 해서는 안 될 것이다.

이혼 후 빈곤한 생활로 이어지는 것이 보통이므로 이혼여성에 대한 배려도 함께 병행되어야 한다고 본다. 여성들의 복지는 남성에 비해서 매우 미흡한 것이 현실이다. 2001년 현재 여성의 공적연금 가입비율이 31%로 남성의 절반 수준에 불과하고 여성이 늙어서 노령연금을 받을 수 있는 상황에 도달해도 노령연금에서 여성이 받는 비율은 미미하여 겨우 28.2%에 불과하다.

8. 근로자의 파업

하나님의 공의를 분배정의로 실천
물질만능사회를 향한 목소리 높여야

화물운송 하역노조원들의 파업으로 역사상 초유의 '물류대란'이라는 어려움을 겪었다. 결국 정부가 직접 나서서 근로자들의 요구를 상당 부분 수용하여 대체적으로 마무리는 잘 되었다.

근로자들은 사회적 약자로서 보통 노동조합을 통해서 문제점을 풀어간다. 그들은 경제적·사회적 지위 향상을 목적으로 노조(勞組)를 결성하고 노조원의 결의에 따라 쟁의행위에 들어가기도 한다. 이런 근로자들의 쟁의행위에 대해서 기독교적 관점에서는 어떻게 해석할 수 있을까?

아마 다양한 해석이 있을 수 있겠지만 크게 두 가지로 집약하면 그리스도의 평화와 사랑을 강조하며 쟁의행위를 억제하려는 측면과 근로자의 생존권 및 하나님의 공의를 강조하며 쟁의행위를 정당화하려는 측면으로 나누어질 수 있다. 나는 쟁의행위의 기독교적 접근방식에 있어서 후자의 주장에 무게를 실어주고 싶다. 그리고 국가의 경제활동에 있어서도 '성장'보다는 '분배'를 강조하는 분배정의를 외치고 싶다.

'분배'는 기독교 정신인 '나눔'과 일맥상통한다. 가진 자와 갖지 못한 자가 부(富)를 공정하고 평화롭게 나누며 그 혜택을 모든 사람들이 누리도록 배려하는 것이라고 할 수 있다.

사용자의 입장에서는 자신들이 가진 재산을 지키며 계속적으로 늘려가려는 욕구를 가지고 있고 반면에 노동자의 입장에서는 자신들이 일한 만큼의 대우를 받지 못하고 있으며 상대적인 박탈감 속에서 불만을 가지고 있다.

이러한 대립적 갈등 속에서 국가와 기독교의 역할이 강조되어야 한다.

성경에서도 오순절 성령강림 후에 나눔의 공동체를 실천하는 모습(행 2:43~45)을 발견하게 된다. 초대교회의 모습 속에서 가난하고 소외당하는 사람들에 대한 관심을 엿볼 수 있다. 성서 속에서의 나눔의 정신은 국가의 분배정책과 비슷하다고 볼 수 있다. 갖지 못한 자와 소외 받는 사람들과 함께하려고 했던 정신은 국가의 노사정책에 반영될 수 있다.

우리 사회는 민주와 분배와 참여를 강조하는 사회가 되어

가고 있다.

근로자들의 외침을 '벼랑 끝 전술'로 표현해가며 노동자들의 정당한 외침을 억압하려는 언론의 보도는 개선되어야 한다. 기독교계에서는 나눔의 정신을 강조하고 가진 자를 향해서 의미 있는 목소리를 내야하며 물질만능의 사회를 향해서 선지자의 사명을 감당해야 한다. 낮고 약한 위치에 있는 근로자에 대해서 좀더 따스한 시각으로 그들을 바라보아야 할 것이다.

근로자들은 앞으로 진행될 투쟁에 대해서 일정한 점검이 필요하다고 본다. 근로자 자신들의 주장을 관철할 목적으로 행하는 쟁의행위 수단과 목적은 정당해야 한다. 그리고 그 정당성의 한계를 벗어난 쟁의행위는 형사와 민사책임을 수반하게 된다는 사실도 잊지 말아야 할 것이다.

제12장 문화는 선교수단

1. 문화를 선교도구로

> 문화는 복음 전달을 위한 통로로 사용 된다
> 교회공간이 문화를 공유하는 장소로 우뚝 서

요즘 세대들은 새로운 욕구와 감각을 표현하고자 하고 그들만의 문화(文化)를 형성한다. 문화를 통해 자기 정체성을 표현하기도 하고 끼리끼리의 문화를 낳기도 하는데 현대사회에서는 다양한 문화를 바탕으로 커다란 소비시장을 형성하기도 한다.

문화가 상품화되어 유통되면서 이를 산업화한 문화산업도 출판, 음반, 게임, 영화, 방송, 공연 등 매우 다양하다. 최근에는 멀티미디어 콘텐츠 분야까지 확대되고 있어서 젊은이들 사이에 유행하는 게임이나 대중가요, 영화를 알지 못하고는 그들을 이해하기가 어렵게 되었다.

우리 사회는 이제 이런 문화를 빼놓고서는 어떤 발전도 기대할 수가 없는 것이다. 이것은 종교에 있어서도 예외는 아니다. 크리스마스가 다가오면서 성탄절 트리를 만들고 카드를 보내고 산타클로스의 선물을 주고받는 것도 우리의 문화가 되어 버렸다.

선교에 있어서 문화가 귀중하게 사용될 수 있음을 간과해서는 안 될 것이다. 사실 바울도 선교여행을 할 때 로마인들이 만들어 놓은 문화와 각종 도구를 사용하였다. 그리고 이런 문화는 복음을 효과적으로 전달하기 위한 통로가 되기도 하였다.

우리는 문화를 효과적으로 사용할 수 있는 방법을 알아야 할 것이다. 문화를 선교의 통로로 이용하는 것은 물론이며 기독교인들이 문화를 선용하는 훈련도 필요하다고 본다. 예를 들면 자신이 소유한 자동차가 전도와 심방의 도구가 되어야 하고 교회의 여러 공간이 지역사회와 기독문화를 공유하는 장소가 되어야 한다.

교회는 경건한 예배를 드리는 공간이지만 비기독인들이 별로 거부감을 느끼지 않고 교회에 출입할 수 있도록 하는 노력이 중요하다. 그래서 교회의 문턱을 좀더 낮추고 지역주민들이 부담 없이 찾아올 수 있는 편안한 공간이 되었으면 한다. 공연을 통해 노래를 부르고 피아노, 기타, 드럼 등을 연주하며 지역주민들을 모이게 하는 것은 중요한 선교전략이 될 수 있을 것이다.

또 오늘날 돈이 없어서 고통을 당하고 취업을 못해서 억눌려 있는 청년들에게 소망을 줄 수 있는 문화가 필요하다. 가난하고 억눌리고 소외된 자들을 위한 탈출구를 선교를 통해 마련하는 것이 중요할 것이다.

한편 교계 차원에서 기독문화를 보급할 수 있는 출판물이나 게임, 영화, 방송 등을 제작하고 지원해야 할 것이다. 그리고 신학대학 등 기독교 교육기관을 통해 기독문화를 발전시킬 전문 인력을 길러내어 건전한 기독문화가 형성되고 이를 통해 우리 사회가 변화되며 하나님 나라가 건설되도록 해야 한다고 본다.

2. 주말 문화가 변하고 있다

> 하나님께서 주신 휴식으로 생명성 회복 필요
> 퇴폐 향락문화 차단할 수 있는 방안 강구해야

사업장별로 차이가 있지만 주5일근무제가 2004년 7월부터 시행되어 매주 연휴시대가 열렸다. 그래서 가족과 함께 여가를 지내는 사람들이나 취미생활, 여행, 건강관리, 자기계발 등의 계획을 가지고 있는 사람들이 증가하여 생활방식이 크게 변하고 있다.

이렇게 우리 사회의 주말문화가 빠르게 변화해 가고 있는데 기독교계는 너무 안일하게 대처하고 있다는 느낌이 든다. 그래서 기독교계 차원에서 '주5일 근무제'의 도입에 따른 대책을 다각적으로 강구해야 할 것으로 보며 이런 관점에서 주말연휴를 기독교가 주도하기 위한 전략과 그에 따른 교회의 역할을 생각해 보기로 한다.

첫째, 교회는 주말연휴를 포함하여 휴가를 즐김에 있어서 진정한 휴식이 무엇인지를 제시해야 한다. 그동안 우리는 경제발전을 위해서 오직 앞만 보면서 달려왔기 때문에 육신이 지쳐있을 뿐만 아니라 영혼도 피곤에 찌들어 있다. 또 오직 일하는 것만이 선(善)하고 휴식하는 것은 악(惡)하다는 태도도 우리 의식 중에 남아 있다. 이제 교회에서는 휴식의 의미를 새롭게 해석하고 건전한 휴식방법을 제시해야 한다.

하나님께서 우리에게 부여한 '휴식권(休息權)'을 회복할 수 있도록 해야 한다는 것이다. 그러므로 교회는 사람들이 진정한 휴식을 취하는 방법을 제시하여 휴식이 단순한 놀이로만 그치지 않고 자신의 삶을 풍요롭게 하며 또 영원한 세계를 갈망하는 생활로도 자리 잡을 수 있도록 해야 한다.

둘째, 교회는 주말 문화에 대해서 좀더 적극적인 자세를 가져야 한다고 본다. 주말 연휴가 증가하는 것은 교회의 입장에서 보면 교회성장에 부정적으로 작용할 수도 있다는 우려를 낳을 수 있다. 물론 나도 이런 우려에 공감을 하지만 교회가 이런 방어적이고 소극적인 입장에서 벗어날 필요가 있다고 본다.

교회가 주일날 휴식을 취하려는 사람들의 현실적인 고민과 주일성수에 대한 고민들을 좀더 넓은 안목에서 해결해 주어야 할 것으로 생각한다. 이런 의미에서 들과 산을 찾아서 야

외예배를 드리는 형태를 확대하거나 여행지에서 드리는 구역예배 형태 등도 모색되어야 하지 않을까.

셋째, 교회는 기독교 주말문화를 창조해 나가야 한다고 본다. 주말을 통해서 기독교인들이 의미 있는 프로그램에 참여할 수 있도록 다양한 프로그램을 개발해야 하며 이 프로그램을 담당할 전문가도 육성해 나가야 한다.

한편 교계 차원에서 퇴폐 · 향락문화를 차단할 수 있는 방안들도 강구해야 하며 청년, 주부, 노인 등을 포함하여 온 가족이 함께 할 수 있는 문화활동과 장애인, 가정폭력피해자, 비정규근로자 등을 위한 복지활동에도 관심을 기울여 나가야 할 것으로 본다.

3. 기독교 문화를 전파하자

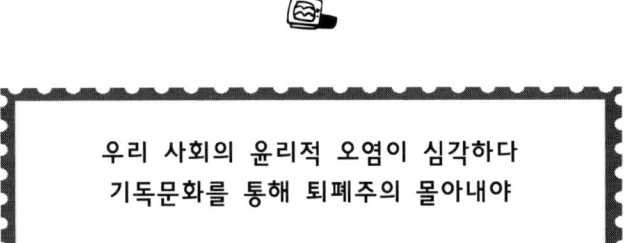

우리 사회의 윤리적 오염이 심각하다
기독문화를 통해 퇴폐주의 몰아내야

우리 사회가 경제적인 어려움과 함께 맞물려 이제는 윤리적으로도 오염의 정도가 심각한 것 같다. 빈곤에 처한 사람들을 위한 대책을 마련하고 있지만 곳곳에는 논리적으로 이해할 수 없는 일들이 일어나고 있다. 걸핏하면 자살을 하고 강도와 절도 등 생계형 범죄가 늘어나고 있는 것이다.

요즘 결식아동 점심용으로 책정된 2,500원으로 도시락을 만들어 제공하다가 문제가 생긴 일만 해도 그렇다. 이럴 때 어울리는 말로 '벼룩에 간을 빼 먹는다.'라고 하는 모양이다. 아무리 돈에 눈이 어두웠다고 할지라도 결식아동의 점심용 도시락에서 이윤을 지나치게 남기려고 했으니 도시락의 내용물이 부실할 것은 뻔한 일이다.

이것은 사회복지의 잘못된 일면만이 아닌 우리 사회의 윤리의식의 결핍 현상에서 비롯되었다고 할 수 있다. 청소년들은 인터넷 게임에 중독 되어 있으며 연예인들의 일상사에 관심을 두며 퇴폐적인 대중문화에 휩쓸리고 있다. 교회에서조차 청소년들이 화재거리로 연예인들의 일상사를 빼면 대화가 없을 정도이고 설교의 소재거리로 TV드라마가 인용되는 횟수가 높은 편이다.

이제 교회가 TV를 끄고 책과 성경을 읽는 성도들이 되도록 해야 한다. TV를 '바보상자'라고 표현하듯이, TV를 시청하는 데 소중한 시간을 빼앗기지 않도록 해야 한다. TV가 신속한 정보와 유익을 주기도 하지만 가족 간의 대화를 단절시키고 창조적인 능력을 저하시키고 있기도 하다.

교회가 성도들의 독서습관을 향상시킬 수 있는 대책을 마련해야 하고 아울러 성서를 통독하고 연구하는 분위기를 이끌어야 한다. 교회 내의 여러 장소에서 성도들이 문고판 책을 읽고 기독 학생들이 두툼한 성경책을 사랑할 수 있도록 해야 한다. 그리고 성경을 연구하는 모임을 활성화하고 교회가 이를 지원해야 한다.

한편 교회는 대중문화를 능가하는 기독문화를 개발해야 한다. 상업주의와 퇴폐주의에 물든 대중문화에 경종을 울려야 한다는 것이다. 인터넷 게임에 중독 되고 TV에 시간을 빼앗기는 청소년들을 기독교 문화로 이끌어 내는 한편 기독교 정체성을 회복할 수 있는 문화를 가꾸어 나가야 할 것이다.

　교회가 성도들의 욕구에 따라 각종 세미나를 개최하여 성도들의 의식을 깨워주고 우리 사회의 미래지도자를 길러내는 역할을 해야 한다. 민주주의 절차가 가장 발달한 곳이 교회라는 말도 있듯이 교회에서 각종 회의 진행방법을 지도하며 건전한 민주의식을 길러 주어 청소년 문화발전에 기여하도록 해야 할 것이다.

찾아보기

ㄱ

ㄴ

ㄷ

ㅇ

ㅈ

• 저자 •

박동명

• 약력 •

광주대동고교, 조선대학교 법학과 졸업
전남대학교 대학원 졸업(법학박사학위 취득)
현재, 광주광역시청 근무(입법정책연구)
민주평화통일자문회의 자문위원
광주대학교 겸임교수
전남대학교 및 조선대학교 강사
대통령직속 여성특별위원회 강사
CBS광주방송 고정출연(법률해설, 미디어비평)
PBC광주평화방송 고정출연(논평)
무등일보 칼럼필진 및 편집자문위원
현대생활법률연구소장
광주전남 민주언론시민연합 의장

• 주요논저 •

「즐거운 법률여행!」
「현대생활과 법률의 이해」
「여성과 법률」
「클릭! 가정법률」

외 다수

건강한 교회가 부흥한다

• 초판 인쇄	2007년 4월 20일
• 초판 발행	2007년 4월 20일
• 지 은 이	박동명
• 펴 낸 이	채종준
• 펴 낸 곳	한국학술정보㈜
	경기도 파주시 교하읍 문발리 526-2
	파주출판문화정보산업단지
	전화 031) 908-3181(대표) · 팩스 031) 908-3189
	홈페이지 http://www.kstudy.com
	e-mail(출판사업부) publish@kstudy.com
• 등 록	제일산-115호(2000. 6. 19)
• 가 격	15,000원

ISBN   978-89-534-6625-8 93230 (Paper Book)
        978-89-534-6626-5 98230 (e-Book)